U0111581

大展好書　好書大展
品嘗好書　冠群可期

大展好書　好書大展

品嘗好書　冠群可期

武學釋典 56

癡博士
習武 39 講

宋嘉寧　編著

大展出版社有限公司

序 言

　　從 2007 年練武術至今已經十幾年了，很少有事情能讓我這麼癡迷地去堅持。這十幾年我走了不少彎路，犯了很多錯誤，也總結出了一些經驗，有一肚子話想和別人分享，同時，又擔心自己分享的經歷被別人片面解讀，為讓大家系統地瞭解實實在在的傳統武術，我最終選擇了出書的方式。

　　在寫書的同時，我一直在擔心，書裡有些言語會不會傷到某些習武之人，或者觸碰到別人的「飯碗」，所以提前說一下，本書不針對任何具體的人和事，只是把自己的經歷和想法客觀地描述出來，至於是否權威可信，交由讀者自己體會。

　　說完兜底的話了，下面簡單介紹下本書內容。本書有幾方面是可圈可點的：

一是表述比較通俗

書裡寫的大白話，能寫出來的基本都是自己的理解，對一些沒理解的內容，筆者沒有假裝高深地從《拳經》中照搬。這樣寫是有原因的，我高中二年級時，數學老師是年級組出名的教學能手，善於解各種難題，但是授課方式有點「高端」，我始終聽不懂，成績總在 35 分左右徘徊（總分 150），我基本對數學失去了信心。後來，我參加了個補習班，老師名氣不大，講課時經常解不出題，於是，她就從最基礎的知識重新推導來解題，她經常受到數學成績好的同學的嘲笑，但是在這個過程中，我受益匪淺。我從零基礎重新學習數學，並建立了信心，高考數學得了 110 分。

所以說，一些通俗、簡單、基礎的教學方式，可能是真正有效的學拳途徑。本書就比較通俗，不好理解的內容加了生活中的例子予以類比，方便讀者理解。

二是框架比較新穎

市場上沒有類似的書，武術類的書籍大多千篇一律。開篇講武術的傳承，再講樁功注意

事項，接著講單式的動作標準，配上套路和對打的照片，最後附加附錄。目前市場上缺少一本講習練誤區、習練心得體會、具體該怎樣練等內容的書。本書就解決了這些問題，讀者看了本書會覺得習練的路上並不孤單，因為還有這麼笨、這麼傻的「我」在陪著大家一起習練。

三是內容比較有貨

都說條條大路通羅馬，如果想練成功夫，看書勉強算得上是路，但絕對不能單純依靠看書就能練出功夫，而且很多市面上的書，不僅不能算「路」，甚至連塊「磚」都算不上。本書相比較而言還是寫了一些實實在在的東西，對讀者習練和理解武術是有幫助的。讀者可能會問，你捨得寫真東西嗎？就像我師父說的那樣，即使所有人都知道了真東西，最終練出真功夫的也是寥寥無幾，因為很多人眼看著東西餵到嘴邊都懶得吃一口。真正練出功夫的那是有心人、有悟性的人、有毅力的人。

話不多說，本書獻給武學之路上迷茫的人，希望在解悶和解惑的同時，能夠給讀者提供一定的幫助。

前 言

傳統武術到底是什麼

2017 年徐曉東與雷雷的比武事件，引起了武術圈的軒然大波，同時也反映出武術圈對傳統武術的理解和認識不是統一的。

徐曉東對傳統武術持消極態度，相對激進地說傳統武術界「大師」多是騙子，特別是教太極的人，沒有能打的。

頗受觀眾喜愛且有武術雜誌編輯經歷的梁宏達委婉地表達了當今傳統武術技擊能力不足的觀點：「過去的武術屬於人們吃飯的本事，所以實戰性很強，現在打的機會少了，必然要退化。」但對於什麼是傳統武術，他沒有展開說明。

某太極人也發聲：「關於徐曉冬叫戰一事，

是別有用心的人在擾亂武術市場。目前，太極跟大部分傳統拳種一樣，以強身健體為主，研究實戰的人還是少數。如果有 10% 的人能練出真功夫，中國武術會強大很多。不管哪個武術流派，要想練出實戰功夫，就要有特殊的訓練方法和長時間的訓練。」但他始終也沒有說什麼是傳統武術。

《鏘鏘三人行》也特地要求徐曉東和其他嘉賓總結什麼是傳統武術，但也沒有總結出來。

學院派認為中國傳統武術是具有中國特色的以停止戰鬥為導向的技術應用，是一門包含武術與武德的傳統學系。它解釋得文縐縐的，總覺得有點不接地氣。我受規定套路的影響，不太認可學院派對傳統武術的定義。

總之，徐曉東與雷雷比武事件暴露出大家對傳統武術認識的欠缺。

作為社會科學學科的博士，我習練傳統武術過程中並沒有接受過學院派的教育，也沒有系統地研究過傳統武術的文化傳承。讀者可能會問，那博士談傳統武術和別人談有什麼區

身體也記住了。如果是為了學習套路，那麼也可以在網上下載視訊，跟著模仿就行了。如果是為了看武術奇聞解悶，那選擇看武俠小說會更過癮。

我覺得大部分讀者看武術書還是為了解決功法問題，在書中找尋解決功法習練中存在問題的辦法，改變自己被束縛的思路，緩解一下功法路上的孤獨感和盲目感。

所以，我們儘量從功法習練角度為初學者選書、評價書，提高讀者讀書效率，避免走彎路。

為了方便與其他圖書比較，我做了個打分指標，滿分 10 分。指標不評價書的品質和作者的功夫水準，只評價是否適合武術初學者閱讀。

指標包括四個指數：

「有貨指數」主要是評價書中對功法或習練細節注意事項的披露程度；

「通俗指數」是指書寫語言是否簡單易懂；

「用心指數」是指作者是否走心，是否是作者自己的真實體會；

「性價比指數」主要是對比一下書的價格與內容之間的關係。

順便推薦 10 本近年來適合讀者的入門讀物。

（見表 1）

表1　排行榜

1.《逝去的武林》9 分
有貨指數：9　通俗指數：9　用心指數：9　性價比指數：9
2.《內家拳氣軸論》7.25 分
有貨指數：7　通俗指數：8　用心指數：8　性價比指數：6
3.《頂天立地的功夫：形意拳內功講記》7.25 分
有貨指數：6　通俗指數：9　用心指數：7　性價比指數：7
4.《形意拳技擊術》6.5 分
有貨指數：5　通俗指數：5　用心指數：7　性價比指數：9
5.《走進王薌齋》6.5 分
有貨指數：7　通俗指數：5　用心指數：6　性價比指數：8
6.《王映海傳戴氏心意拳精要》6 分
有貨指數：6　通俗指數：7　用心指數：7　性價比指數：4
7.《中道皇皇——梅墨生太極拳理念與心法》5.5 分
有貨指數：4　通俗指數：7　用心指數：7　性價比指數：4
8.《盧氏心意拳傳習錄》4.75 分
有貨指數：3　通俗指數：7　用心指數：5　性價比指數：4
9.《朱天才解讀太極拳》4.75 分
有貨指數：3　通俗指數：7　用心指數：4　性價比指數：5
10.《八卦掌匯宗》4.5 分
有貨指數：3　通俗指數：5　用心指數：4　性價比指數：6

掌虛如握卵」，握筆時不能太緊也不能太鬆。這特別像傳統武術站樁時的要求。學書法時經常練習握筆、鉤回、推出和旋轉筆桿等，就像拳法中的套路，講究行氣的順暢，身體的輕靈。

字的練習有點像武術中單式的練習，注重發力和身體結構的協調一致。每寫一筆，都有入筆、行筆、收筆三個過程，為使筆劃有力度，中間不斷氣、不斷意、不斷勁，練習武術的單式同樣如此，要求在練拳的過程中不丟勁、不斷氣。

四是國畫

我的鄰居是位老先生，退休後才開始畫國畫，他尤為喜歡畫葡萄。我上門與他探討繪畫中的功夫，老人說國畫有幾個因素與功夫應該有相通之處，比如佈局的緊湊與疏密，和功夫的陰陽鬆緊是一個道理。

五是茶道

茶道的「儉、真、和」與武術的觀念是一致的，儉就是去繁就簡，真實的武術就是這樣，練樁功和單式足矣。

有個朋友說過一件事，一個茶道大師請他去品茶，他特別期待，預想場面一定很宏大，禮儀一定很繁多，結果大師用手抓了塊茶，丟在碗裏直接沖

了遞給他喝，他喝後感覺果然很好喝，品嚐到了特別純真的味道。

這個「真」，我覺得就是追求本心，習武和茶道都是追求本心的過程。再就是「和」，武術和茶道都追求人與時間、空間上的和諧。

傳統武術不但與中國傳統文化是相通的，而且與人的廚藝、演奏功夫等都是相通的。一些鋼琴老師要求鋼琴彈奏者要像摔跤和拳擊運動員那樣鍛鍊肌肉、培養耐力。從某種意義上講，彈奏鋼琴同習練中國武術在功力的訓練等方面有著相似之處，都要求速度、力度、耐力、敏捷性、靈活性與準確性。

第 六 講
習武能治療慢性病嗎

　　一般習武之人都學醫，就像過去的秀才，學習體系涵蓋天文地理，以前我難以理解，現在稍微有點理解了，「秀才體系」的學習內容大多是相通的東西，觸類旁通，會者不難。俗語說，「藥補不如食補，食補不如練武」。那麼習武到底能不能治療慢性病，我講幾個親身經歷。

　　我有過一段經歷，發現身體是動態調整的，特別是一些慢性病，並不是不治之症。考研時由於久坐，我被診斷出前列腺炎，北京某大醫院醫生說，該病治不好，以後要多注意，別著涼，別久坐，還給我做了前列腺按摩。當時我心裏壓力極大，覺得自己得了不治之症，後來就去練習了八極拳，要求自己氣沉丹田，提肛斂臀，並且每天練習好幾遍撐

錘、撐掌、象錘、降龍等單式，結果前列腺沒啥不適的感覺了，而且撒尿的力度都提高不少。

我有嚴重的慢性支氣管炎，從高中三年級開始，每年秋冬換季都會咳嗽，短則一個月，長則兩個月，嚴重時咯血和發燒，夜間無法睡覺。由於對青黴素過敏，所以長期服用其他抗生素，比如紅黴素、阿奇黴素，但對每種藥很快就產生了抗藥性，病情有愈演愈烈之勢。長期服用抗生素對腎的損傷很大，我已經開始脫髮，而且手腳涼，十月一過就開始穿棉鞋，夏天也不敢脫襪子。站了一年的三體式和練習打劈拳，我竟然不再咳嗽了，而且直到冬天才穿棉鞋，大雪天站樁都不覺得腳冷。後來學習中醫才知道，由於我是早產兒，肺部發育沒有順產發育得好，每年入秋是收斂季節，恰恰腎氣不足，導致男子悲秋，莫名的哀傷使肺氣更加虛弱，引起咳嗽。同時，腎水不足導致長期肺燥，由此陷入了閉環。而在練習劈拳的過程中，一是強了肺氣，二是肺氣壯了腎氣，使循環變得順暢很多。

我還有一段脫髮又生髮的經歷，讀者可能想你小子毛病可真多，其實一般武術大家大多是年少多病的，比如霍元甲、李小龍等都是因幼年多病才練拳。我中年也多病，之前頭髮快掉光了，然後博士

畢業了，壓力小了不少，加上練拳頻繁了，頭髮也長出來了一些。我想，生病的原因反過來應該就是鍛鍊身體的原理，生病的外因主要是風寒暑濕熱，內因是喜怒悲哀思，外因和內因是導致生病的原因，那麼順應和駕馭內外因就是強身健體的關鍵。但更關鍵的是對內因的控制，也就是對情緒的調節。西醫認為脫髮是激素原因，應當由調節激素解決。但中醫認為髮為血梢，黑色又屬腎，所以主要調節肝腎，頭油多的人通常陽虛陰盛，所以以疏肝和補腎為主，但腎後天比較難補，按知名中醫說「補腎不是添加腎氣，而是堵住腎氣流失的缺口」。在注意一些生活習慣的同時，按照金生水的原理，主修劈、鑽兩拳，擴肺生津，活腎養腰。堅持三個月以上，頭髮有了改變。（如圖 2 所示）

　　拳友有個鄰居，曾經在車間工作，得了塵肺病，算是工傷，工廠為了補償他，工資待遇提升為 9 級技工（據說很高）的標準。小夥子為了在精神上找個寄託，開始學習劈拳。練習劈拳成了小夥子的精神支柱，他每天堅持練習，鼻涕打出了不少，甚至感覺肺變得輕快很多。我後來問那人活了多久，拳友說現在快 70 歲了，活得很好，小劈拳打得啪啪的（拳友是東北人）。

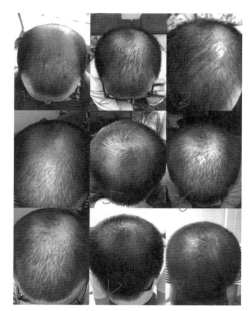

圖2　頭髮的變化

　　練習武術對身體極其有利。有一次體測，醫生說閉著眼睛單腳站立，如果站的時間長，內臟器官就比較好，30秒及格，我站了3分鐘。醫生說再站下去沒有意義了。我發現站樁對內臟平衡的作用還是很明顯的。

　　整體而言，練武術有利於調節人體新陳代謝。有人研究發現，練習太極拳後血壓有明顯改善，因為練功時肌電發放減少，呼吸週期減少、幅度變小，呼吸頻率和心率減慢。還有研究者發現，練習形意拳時氣沉丹田，可使呼吸效率提高，呼吸頻

率減慢，吸入肺內的氧氣增多，從而促進了新陳代謝。

有一次，我和一個小孩子家長交流，她讓我教她孩子練武術，還問學武術對身體有哪些好處。我覺得 7 歲以下的小孩練習武術，主要是抻筋拔骨，提高身體協調性，如果習練得法，對提升腎氣也有幫助。那麼，有人就會問，孩子那麼小用得著提腎氣嗎？我就想起我看別人坐診時的一段經歷。

有一次旁聽老中醫坐診，一對夫婦愁眉苦臉地訴說，他們有一個五歲的孩子一直不開口說話，去北京看了心理學專家、腦神經專家、耳鼻喉科專家，最終也沒確認病因在哪裏。

「看孩子表情應該是聽得見的，就是不敢說，他叫什麼名字？」老中醫問道。

「李浩哲。」父親答。

看完病後，一家三口拿了十天的中藥走了。又一次，我去看老中醫，就聽老中醫在電話裏說：「嗯，嗯，別激動，肯定的，嗯，別客氣，繼續把藥吃完吧，好，好。」

我與他閒聊，問誰啊，老中醫說「聾啞兒童」說話了。我詢問老中醫病理，老中醫說：「那娃是標準的五遲五軟，說話遲主要是因為腎氣不足，脈

象顯示左寸浮數細，心神不穩，所以我開了點提腎氣穩心神的藥。」可見，腎氣是原陽，是生長發育的根本動力，你說腎氣重不重要。

有人問中醫是不是騙人的，練功夫養生是不是也是騙人的？中醫和武術是不是騙人的這件事要搞明白了再下結論，因為醫生分上工與下工，那麼練拳也分上和下。為了治好支氣管炎去練劈拳是下工，好比有人說天天按某某穴位，健康活到一百歲。《四總穴歌》有言：「肚腹三里留，腰背委中求，頭項列缺尋，面口合谷收。」今天多按這個穴位小便就不滴答了，明天按那個穴位血糖就不升高了，其實這些是片面的，因為局部離不開整體，而且人體是動態的，習練武術是一種通暢整體的方式和途徑。連病根都找不到的醫生是下醫，你遇到了他肯定覺得中醫是騙人的。

練武術為了治療某個症狀，也是習武中的下工，你遇到了他肯定也會否認武術的養生作用。

治本才是上工，找到根本才是關鍵。「有者求之，無者求之，盛者責之，虛者責之，必先五勝」。《素問》有言：「不知年之所加，氣之盛衰，虛實之所起，不可以為工矣。」所以說，為了強壯某一方面練武術是不對的，其核心應是調理身

體，使整體和諧。

習武中的站樁、打坐有養生效果嗎？我覺得還是有效果的，因為站樁、打坐都是一種類似冥想的放鬆運動。有研究者認為冥思遐想帶來的完全鬆弛感，會減緩身體的緊張，是防治許多疾病的有效方法。調查顯示，冥想者比不冥想者發病率要低50%[1]。這種療法對老年性高血壓、冠心病、神經衰弱等疾病的療效更為顯著。

習武中拉筋有助於養生嗎？我才三十多歲，發現周圍很多同齡人得了肝病、前列腺炎、腰椎間盤突出、失眠症等疾病，我覺得這些問題大多出在「筋」上。中醫講筋屬肝經，肝是人體一個重要的修復器官，決定了你第二天的身體狀態。但肝也是最難調理的臟腑，《黃帝內經》中「肝主筋」說出了治療肝的方法就是療「筋」。

我們經常熬夜、生氣所帶來的病都與肝經有關，我覺得需要由拉腿來增強肝腎功能。因為水生木，而腎屬水，腎是不能食補的，是需要以鍛鍊腿來增強的，也就是拉腿拉筋。《靈樞·經筋》

---

①蘭新. 冥想用潛意識健身 [N]. 國際金融報，2002-7-12（1）.

講：「足厥陰之經筋，結於陰器，絡諸筋。」所以說，如果練好腿，拉好筋，好處還是很多的。

　　拉筋還可以養氣，男人應該重視對氣的保養，因為很多問題都源於氣。男人可每天睡前按摩湧泉、復溜、太谿三穴，以此激發腎氣。

　　湧泉穴是足少陰腎經常用的腧穴之一，位於足底部，蜷足時足前部凹陷處，當足底第2、3蹠趾縫紋頭端與足跟連線的前 1/3 與後 2/3 交點上。（如圖3所示）主治肺系病證，大便難，小便不利。湧泉穴好比地氣的入口，對應的是手心的勞宮穴，很多人練拳生硬地遵循腳抓地，其實應當使腳心放鬆地抓地，體會湧泉穴有氣流湧入的感覺。所

圖3　湧泉穴

以多按摩，有利於疏通地氣。

　　為什麼說勞宮穴是氣口？有一次我拎著凍好的羊腿走路，天特別冷，羊腿也特別涼，那段時間站椿時總是感覺勞宮穴走氣，結果羊腿的涼氣直接穿過我的手，沿著胳膊直通腋窩，我到家用熱水沖胳膊都無法緩解，感覺心臟涼得難受。

　　「復溜」的「復」是反覆的意思；「溜」是盛放的意思。復溜穴屬足少陰腎經，治療泌尿生殖系統疾病比較有效。

　　我的腎不太好，從小尿床，有一次模仿老人在健身器械上按摩小腿的後筋，結果疼得受不了，膀胱經嚴重不通。我一按復溜穴（如圖 4 所示），就會感覺酸脹，後來按久了，就沒那麼疼了。

圖 4　復溜穴

太谿穴是足少陰原穴，位於足內側，內踝後方與腳跟骨筋腱之間的凹陷處。（如圖5所示）

太谿穴主治的病症有：牙痛、喉嚨腫痛、支氣管炎、關節炎等。太谿穴這個名字起得比較低調，湧泉的氣感覺上來後，在這裏形成「小溪」，要是你不刺激這股氣它就上不去，刺激好了才能進入大腿、腰間等，你說它重不重要？

讀者看完了可能會問，作者前面說不讓只按幾個穴位，諷刺老人的養生辦法，後面又推薦了幾個穴位，這不是打臉嗎？我之所以列舉這幾個穴位，不是強調這幾個穴位的重要性，而是主張以這幾個穴來啟動全身的氣機，即當你感覺身體裏氣不足時，可以按摩這幾個穴位來啟動腎經和膀胱經。

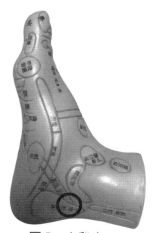

圖5　太谿穴

下盤。練習鬆沉勁需要一個過程，不能速成，就和不能指望小孩子學老成一樣，剛剛幾歲就沉穩內斂，不哭不鬧，這就逆了自然規律，小孩兒硬是裝老成，會傷了肝氣，導致上火生病。

功夫練得不對會傷筋

《中醫傷科按摩學》講，引起筋肉損傷的外力有直接暴力和間接暴力兩種。直接暴力所致的損傷，有腫脹、皮下瘀血、皮膚青紫等，並且出現較早；間接暴力所致的筋肉損傷，一般出現遲緩，有些在傷後 2 日到 3 日開始出現腫脹和疼痛，很多疑難雜症都是長期間接暴力造成的。練拳時，如果經常在單一姿勢下進行過久或過劇烈的聳肩運動，雖無外力打擊，亦可使局部肌肉組織受累而致肩部受傷，這類損傷是由積累性外力造成的。

習武時，環境的溫度和濕度不適宜也會傷筋。氣溫過高，出汗太多，會失去大量的水分、鉀和鈉等物質，如果不及時補充，就可能發生脫水現象，對自身的控制能力下降，就很容易傷筋。氣溫太低，所謂冬練三九，在做準備活動時，各關節、韌帶很難得到充分的熱身，很容易出現肌肉拉傷的現象，嚴重時會出現肌腱斷裂。所以練武要注意間歇性放鬆，可更快地消除肌肉疲勞，防止由於局部負

擔過重而出現的運動損傷。

　　許多人對這一問題很不重視，經常是被動休息，這樣做並不能消除疲勞，再練習時還易出現損傷，長期處於局部緊張狀態就遠離了練習武術的核心要義。

　　記得有一次，我和學校武林大會某老師一起學習三體式，我們倆站得都比較僵硬，無形中兩個人開始較勁，我們站了半小時，但某老師太緊張，加上歲數也大了，動作太僵硬，結果傷了筋骨，第二天沒來上班。

功夫練得不對會傷骨

　　十幾年前一個同學練鐵砂掌，先拍泡沫，再拍紙殼，後來拍鐵管，致使手嚴重變形，骨頭也傷了。後來聽師兄講，鐵砂掌是非常科學系統的工程，應先打糠皮，再打糠皮和綠豆的混合物，之後再打綠豆和鐵砂的混合物。當加入鐵砂後就要輔助藥物來拔鐵毒，這期間要使用大象皮來修復打壞的肉。打鐵砂時絕不能用勁兒，一用勁兒就會傷骨頭或傷筋，勁兒反而練不出來。其實，鐵砂掌與常人的手沒有太大差別，只是威力驚人。

　　另外，練鐵砂掌不能亂練，要配幾味關鍵的中藥：透骨草、地骨皮、續斷、硃砂和象皮等。

功夫練得不對會傷津

我剛學會練拳時，心焦氣躁，為了完成 500 個撐拳，經常練得口乾舌燥，每次都得帶一杯熱水。現在才知道，如果練正確了舌頭下面會有大量的唾液產生，徐徐嚥下，滋潤心經，調節心火。

唾液被中國歷代醫家和修煉家視為「金津玉液」「華池神水」。《黃帝內經》中指出：「飲入於胃，游溢精氣，上輸於脾，脾氣散精，上歸於肺，通調水道，下輸膀胱，水精四布，五經並行。」現代醫學已經檢測到唾液中含有多種生物酶，可起到生物化合及殺菌、消毒的作用。

站樁狀態下大量唾液分泌是精氣充盈的標誌，腎水上升的結果。腎水足就可以保證諸如荷爾蒙、胰島素等處於正常狀態。如果當年口乾舌燥地堅持練下去，我不知道會是什麼後果。

功夫練得不對會傷氣

我最開始學習站樁時總放屁，拳友說放屁既對也錯，對是因為我放鬆了，氣往下走，錯是因為跑了內氣。練功後人體功能發生了變化，一方面腸胃蠕動加快，會出現放屁現象；另一方面內氣增多，人體一下子吸收轉化不了，也會產生放屁現象。一般來說，經常放屁的人可能容易失元氣。

很多老人經常放屁，我最開始以為他們歲數大了不在乎形象了，後來發現是老人忍不住會放屁，尿液也忍不住滴答，這就是氣不足了，會陰提不住了。此時可做會陰收縮運動，有助於防治尿失禁，並提高性能力。

功夫練得不對會得疑難雜症

一般中醫講，病皆生於風寒暑濕燥火，喜怒憂思悲恐驚。如果有人練武時帶著情緒，追求勁道，猛練打人的單式，急促地大口呼吸，刻意堅持必然傷神耗氣。

如果「堅持」得不好，那麼只不過不長功夫；如果「堅持」得好，必定氣逆導致臟器受損，精神失常，氣血兩虧。練武最講究氣的運行，如果氣逆，練什麼都是白搭。

心地玩，我卻有一種悲涼湧上心頭：「我已經是三年級的大孩子了，到現在竟然一事無成。」這種「悲秋」的狀況一直延續至今，我每次都要在秋天奮起直追，希望能夠做成一些事情，但往往事與願違。這麼多年終於悟出來，秋天的果實是春夏努力的結果，而不是秋天用力的結果，錯過了就錯過了，其勢不可逆。秋天練練劈拳，劈拳在五行中屬金，內通於肺，外達於鼻，在體屬皮毛。

在練習過程中，小臂夾緊兩肋，出拳時拳眼從下丹田緊貼身體中線上行至膻中穴，然後小臂向外擰，拳從身體中線、嘴的朝向打出，與眉同高。

練習劈拳可增加肺活量，使吸氧量增加，同時能促進汗腺的分泌，使毛孔張開，透過皮膚充分排出體內代謝廢物。汗水不僅能帶走體內代謝毒素，還能有效減少腎臟負擔，對腎病的保健與治療具有良好作用。

《黃帝內經》曰：「冬三月，此為閉藏。水冰地坼，無擾乎陽，早臥晚起，必待日光，使志若伏若匿，若有意，若已有得，去寒就溫，無洩皮膚，使氣亟奪，此冬氣之應，養藏之道也。」只有冬季對「陰」進行儲藏，才有春天「陽」的初生。

武術也是這樣，有了椿功的收藏，才有後面單

式的形，陽氣在該發揮作用的時候才會發揮作用。我記得有本綜合評價將軍素質的書說，關鍵一條就是在戰爭期間能夠隨時抽時間睡覺和休息。所以，冬天站站樁就行了，不要追求結果，等太陽出來，暖暖地照在身上，靜靜地站一會兒，站得後背熱乎乎，心裏喜滋滋就達到目的了。切不可大練有氧套路，出一身大汗，搞得陰不足，明年春天會萎靡不振。冬天還可以慢慢地練練鑽拳。

鑽拳在五行中屬水，依靠腰胯將拳帶出去，重點是身體的擰裹，這樣會使腰部得到良好的鍛鍊。在中醫理論中，腎屬水，主藏精、納氣，主骨生髓，並開竅於耳及會陰。因此，練習鑽拳能使氣和，氣和則腎精足，進而能增髓以補腦，濁氣下降而體爽，精神健旺而耳聰。

長夏，在時間上一直沒有明確統一的界定，一般來說，有可能是每個季度的交替期。在五行學說中有木、火、土、金、水五行，中醫學中有肝、心、脾、肺、腎五臟，五季中有春、夏、長夏、秋、冬五季。脾為人體的後天之本，五行屬土，居中央為中土，與長夏之氣相通。每個季節交替之時多打打橫拳。橫拳五行屬土，土內通於脾，外達於口，在體屬肌肉。長期練習橫拳，可達到調理脾胃

的功用，進而降低對應病症發生的可能。[2]

　　根據上述對應關係，練功者要根據個人條件需要，選擇練功最佳季節，方可取得理想功效。滋養肝臟者宜選春天，鍛鍊心臟者宜選夏天，補潤肺臟者就定秋天，調理脾臟者選擇冬天。

　　細化到一天之內，習武的時間也有講究。治病有病機，習武有時機。我認為下午三點到五點習武比較好。沒有大功夫的人不要嘗試夜裏練拳，就像沒有冬泳的底子千萬別嘗試冬泳，會出人命。

　　我大學時在長沙讀書，南方同學從小洗冷水澡，大冬天說太冷了，沖個冷水澡；赤身裸體在開放的陽台曬太陽，迎著冷風說太舒服了。我也跟著學沖冷水澡，用冷水沖肚子，結果足足吃了兩年的中藥，最後也沒有治好嚴重的結腸炎。

　　三陽病欲解時多在白晝，三陰病欲解時多在黑夜，所以白天練陽拳養氣。一般來說，夜裏不練拳，夜裏吸收消化白天的成果。

　　具體到時辰，一般是跟隨子午流注。子午流注

---

　　①董平，楊震國. 形意五行拳健身養生與慢性病治療功用剖析［J］. 運動人體科學，2015，5（1）:22.

　　②董平，楊震國. 形意五行拳健身養生與慢性病治療功用剖析［J］. 運動人體科學，2015，5（1）:22.

是中醫針灸以「人與天地相應」的觀點為理論基礎，認為人體功能活動、病理變化受自然界氣候變化等影響而呈現一定的規律。根據這種規律，選擇適當時間治療疾病，可以獲得較佳療效，因此提出「因時施治」等。

　　子午流注就是辨證循經按時針灸取穴的一種具體操作方法，它是依據經脈氣血受自然界影響時的盛衰表現，並按一定規律而制定的。（見表2）

表2　中醫子午流註十二時辰養生表

時辰	經絡狀態
子時（23 點至 1 點）	膽經最旺
丑時（ 1 點至 3 點）	肝經最旺
寅時（ 3 點至 5 點）	肺經最旺
卯時（ 5 點至 7 點）	大腸經最旺
辰時（ 7 點至 9 點）	胃經最旺
巳時（ 9 點至 11 點）	脾經最旺
午時（11 點至 13 點）	心經最旺
未時（13 點至 15 點）	小腸經最旺
申時（15 點至 17 點）	膀胱經最旺
酉時（17 點至 19 點）	腎經最旺
戌時（19 點至 21 點）	心包經最旺
亥時（21 點至 23 點）	三焦經最旺

第 十三 講

習武要學會吃嗎

　　說實話，我訓練時並不注重吃。後來發現妻子在哺乳期吃得不合適，小孩就會有所反應。孩子黃疸總退不下去，查肝也沒問題，後來問了專家，他說是總吃南瓜、胡蘿蔔等黃色食物的原因，這說明人體對飲食非常敏感。習武是個精細的工程，也要吃得精細才行。

　　幾年前據克利夫蘭媒體報導，NBA 球星詹姆斯 10 年不吃豬肉，他吃的主要是雞肉、魚肉和義大利麵，因此營養師建議他多吃富含鐵的食物。

　　飲食有兩方面的用途，一是構建人體結構，二是補充運動能量。

　　保證體能方面，需要增加肌肉中糖的儲備量，肌肉中糖儲量越高，糖的有氧供能能力就越強。在

膳食補充方面，主食是首要的選擇，米、麵等食物
裏含有豐富的糖，所以運動員平時要注意增加主食
的攝入量。

最開始接觸形意拳時，是同學帶著我練的。由
於運動量比較大，為了補充能量他就讓我吃牛肉，
說牛肉能補充能量。後來見到我師父，師父說習練
傳統武術講究吃，他住在北方普通社區，松花、松
果、槐花、榆錢都食用。師父年輕時為提高輕功，
需要定期吃松花，使身體更輕盈，所以我特地查了
一下《本草經解》，有言：「松花，其主潤心肺
者，飲食入胃，脾氣散精，輸於心肺。」

隨著年齡的增長，身體結構趨於穩定，我現在
的飲食主要是為補氣，而非構建身體結構。有段時
間妻子減肥，停了主食，只吃雞肉、牛肉、雞蛋，
其實就是只攝入了蛋白。

妻子堅持不到一個月就開始走路氣喘、睡眠不
好、精神衰弱。我讓她吃點主食，後來才慢慢好
轉。練功夫更是這樣，補充自己的精氣，能夠啟動
營氣，護住衛氣。

同事笑我這個練武術的人身上竟沒有肌肉，肚
子也不小。其實，我也發現很多練武術的人肚子不
小，有人練到後來肚子都會變大。我一直在想難道

是這些拳師不注重飲食？和中年油膩大叔沒有區別？在去澡堂時，我發現個問題，很多大肚子的中年油膩大叔大多是上腹大（肚臍偏上部位），而小肚子很小，也就是丹田很小，屁股塌陷，大腿細得可憐，糖尿病人尤其如此。而練過拳的人是丹田部位大，屁股比較飽滿，大腿粗實。

因為內家拳是用丹田控制自身重心變化，從而用力卸力。古代那些名將如關羽、戚繼光的畫像上都是這樣的形象，我們稱為將軍肚。我看過一次搏克（蒙古式摔跤）比賽，選手的肚子都很大。如果肚子不大感覺重心不穩，跟別人摔起來，就好像發動機馬力不足一樣。

通常練武術之人不是說沒有肌肉，而是像《黃帝內經》說的「肌肉若一」，肌肉和脂肪有機結合在一起。肌間脂肪存在於肌外膜、肌束膜，甚至肌內膜上，營養狀況好的家畜，其肌纖維膜的毛細血管上也有脂肪。有這種肌間脂肪，說明身體不是速成的。

練過武術的人好比散養的雞，散養雞與飼養雞的肌間脂肪具有差別，肌間脂肪的多少與肉品口味有很大的關係。肌間脂肪形成需要時間，現在市場上大部分肉類的生產等待時間很短，豬肉一般3

至 5 個月，雞肉一般 2 個月，所以這些肉沒「肉味兒」，人們還是覺得鄉下養半年乃至好幾年的土雞有味兒，其原因主要是肌間脂肪中含有鮮味物質。

很多內家拳高手外形很瘦弱，甚至皮包骨頭，但精力充沛，內臟很好，壽命也很長。從網上看葉問老年時的圖片，可以發現他就是這個外形，站在那裏溜肩塌背，小腹飽滿，身上見不到什麼肌肉，手腕比常人粗，小臂也比較壯。而外家拳練習者，很多人有強壯的肌肉，在放鬆的時候肌肉仍然很硬，特別抗打，能胸口碎大石。

有一次我和體重 200 斤練健美的人對打，他肌肉棒極了，但是移動和出拳速度太慢，根本打不到我。

第 十四 講

習武要學會穿嗎

　　讀者可能會問，練武還需要會穿嗎？那是當然。

　　現在好多音樂太極拳大師講究穿絲綢的太極服，有些所謂的「絲綢」裏面含有化纖成分，不太透氣，而且一出汗就黏身。

　　記得當年在八極拳訓練中心時，絲綢訓練服賣的價格還要貴一些，純棉或亞麻訓練服賣的價格要便宜一些，但是純棉或亞麻衣服特別透氣，穿著也舒服。天氣特別熱時，大家會不約而同地穿純棉的那套衣服。練拳時，如果勁道特別整時，衣服會被拉扯得砰砰直響，自己聽著自信心爆棚，一起練拳時也特別有陣式。

　　平時練拳，好些人不好意思穿練功服，怕被高

手笑話，因為高手平時在公園練拳時也不穿練功服，都是穿運動服。好比籃球高手很少穿湖人隊、火箭隊隊服，大多穿比較小眾的訓練服。

建議剛開始練拳時，穿一身有點重量的衣服，最好帶點防雨的成分，方便自己體會整勁兒，打起來啪啪直響的最好。褲子最好也穿這個材質的，但不能是緊身褲，要長一點，寬鬆一點，方便體會鬆沉的感覺。當你練得有氣感了，就不用穿啪啪帶響的衣服了。

行氣講究的就是放鬆，感覺自己的身體就像衣服架子上的衣服，都耷拉著，能挺起來全靠氣撐著，這個時候穿純棉的運動服即可。

再說穿鞋，最開始練拳時我穿了白球鞋，後來為了練八極拳的震腳，穿了籃球鞋，練習震腳時有氣勢，腳還不疼，就是覺得有點沉。再後來喜歡穿慢跑鞋，既輕便又柔軟，練拳時也比較舒服。

之後有人推薦穿太極的練功鞋，個人覺得鞋型太瘦，鞋側面有點陡和硬，雖然樣子好看，但容易崴腳。皮鞋我就不分析了。

第 十 五 講
習武要學會睡嗎

　　白天養陽、夜裏滋陰和春夏養陽、秋冬滋陰一個道理，符合《黃帝內經》要求。

　　我們一定要保證睡眠。睡眠是消除身體疲勞的主要方式，睡眠期間胃腸道及其有關臟器合成並製造人體能量物質以供活動時用。另外，人睡眠時體溫、心率、血壓下降，基礎代謝率降低，從而使體力得以恢復。

　　我的師父總說，高強度練拳時每個月的身體都有變化，極度的疲憊後，透過睡眠，人體可得到不斷的優化。當習武堅持一個月後，不要放棄，身體會有所增強；當放棄了，僅僅是疲憊了一個月而已。所以，既要學會「休」，還要學會「息」。「休」是指身體恢復到原來狀態，而「息」是使身體有所

增強。

　　狀態不好的時候，不要習武，會把身體練壞。特別是睡眠不足時，人沒有恢復精力，煩躁或精神萎靡，注意力渙散，這時候習武，雖然人會興奮，但養分容易透支，不利於保護大腦。如果睡眠不好，人體不能對侵入的各種抗原物質產生抗體，人的衛氣不足導致免疫力下降。

　　睡眠還能延緩衰老，我的師父八十有餘，耳不聾眼不花，頭髮還有一多半是黑色的，臉龐飽滿，體檢各項指標都正常，這其中有睡眠好的因素。

　　大家記得睡前要調息和凝神。讀者可能會問凝神是怎麼回事？睡眠是四季裏的「冬」，是四向裏的「北」，是「腎」又是「水」，就是要藏起來，所以要凝神。有人說，這不是站著說話不腰疼嗎，我就是凝不了神。

　　我參觀過精神病醫院，據說現在失眠人群特別多，所以特地瞭解了睡眠干預中心的治療方式，他們主要是透過物理方式調節腦神經。西醫的治療方式是能讓人睡覺，但是又摧毀了神經系統。但中醫認為神亂了，才會失眠。

　　所以對失眠者建議：

　　一是，給其可以安神的物質基礎，即睡眠的屋

子不要太大，另外不要放鏡子、照片、畫像、花草等東西，擾神。

二是，心是神藏的地方，要揉揉心臟。我失戀時，感到心疼，疼不是形容詞，是動詞，是真的疼，睡前揉心臟和膻中穴是有實際效果的。記得有一次我爸打了一天的麻將，體力和腦力消耗一天，到家都沒有力氣說話，只想悄悄地躲一會兒，這就是傷了氣和神。

睡覺之前要收斂精神，就像入冬一樣，要收斂心智若有所得。拳友說他夜裏三點去練刀（不是所有人都提倡）。夜裏是需要靜心收神的時候，大半夜去墳地練刀，如果衛氣不足的話，神直接就亂了。

有一期《康熙來了》採訪杜德偉，問杜德偉身體狀態一直很好的原因，杜德偉說他多年一直保持睡前拉筋的習慣。

拉筋鍛鍊法是一種簡單易學的保健鍛鍊方式，瑜伽中有不少拉筋動作，閒暇時拉筋有益健康。如果常感覺腰頸酸痛，手腳麻痺，身體機能愛出小狀況，從中醫學的角度來看，這很可能是「筋縮」的緣故，每天花上幾分鐘進行拉筋鍛鍊，讓血脈暢通，自然病痛全消，所以說，睡前拉筋是不錯的習

慣。

　　醒前也有很多注意事項，大家不能急著起床，首先要像瑜伽喚醒身體一般，用大腦啟動一下全身各個器官。用手揉揉肚子、肘關節、膝蓋，全身氣血活開，再坐起來揉腳的湧泉穴和太谿穴，從而啟動腎氣。就像開車前要原地熱車一樣，不能立刻高速行駛。

第三部分

傳統武術
能夠技擊嗎

　　傳統武術主要有兩方面作用：一方面是養生，前面已經談到了；另一方面是技擊，這一章我們就詳細說說。

　　某太極名人被現代搏擊選手擊倒後，很多人說傳統武術不能技擊，只適合養生。我覺得技擊這個事要從是否瞭解傳統武術的擊打方式，是否對套路和招式有正確的認識等方面展開來談。

第 十六 講
不會打就不要動手

　　之所以有機緣接觸傳統武術，是因為大學時的打架事件。那是 2006 年的夏天，我正值大四，沒考上研究生，也沒找到工作，心情就像長沙悶熱的空氣，渾渾噩噩。

　　大學最要好的幾個同學和我的處境也差不多。我們閑來無事，便和大三的學弟打起了籃球比賽。可能受心情不佳的影響，我們一直在輸球，不是 0.5 就是 1.5 慘敗。氣氛越來越不好，肢體衝突越來越多。阿慧最先動了手，幾乎同時，二師兄與對方光頭也抱在一起，瘦子追向對方的小前鋒，我大腦停滯了 0.5 秒，然後左手頂住對方中鋒脖子，右手用「王八拳」錘對方額頭。光！光！光！連錘四下，對方中鋒反應過來，回身直踢我襠部。我下意

識雙腳平行向後跳，但沒有完全躲過，褙還是被踢了一下。疼痛使我冷靜了一下，迅速跳開了兩三公尺距離。

短短的幾秒鐘，勝負已分。

先動手的阿慧與人推搡幾下就分開了，二師兄被打得鼻青臉腫，指著對方光頭讓我給他去報仇。對方光頭脖子粗、肩膀厚，身上一點傷都沒有。我心想「報什麼仇，我根本打不過」。最慘的是瘦子，蹲在地上，眼睛裏流出的血已經染紅了衣服。我嚇傻了，只聽瘦子說：「老宋，我眼睛瞎了。」還好，後來瘦子的眼睛保住了，但視力受到了影響，瞳孔不能隨光線的強弱調整了。

十幾年的時間過去了，但我一直反思這次群架事件：

一是「形勢」不利於我方。畢業工作沒著落，心情壓抑，一直輸球心裏憋屈，導致發生打架事件。

二是沒有評估對方實力。對方頭腦和身體素質都非同一般，動手肯定要吃虧。

三是「人員能力」不夠。韋爾奇說，「最好的球隊是因為有最好的球員」，想想參戰的幾人，能力明顯不夠。阿慧是戰場上的逃兵。二師兄夠勇

猛，但沒技術、沒力量、沒速度，基本就是人肉活靶子。瘦子一直是個很歡樂的人，從不打架，擅長的是彈吉他，而不是動手。當時瘦子伸著腦袋去追對方小前鋒，結果人家跑出兩步，回身一拳擊中他的眼睛，又準又狠。我自己更是不行，回想從小學開始就被欺負，感覺從未打贏過任何架，從動手那一刻就膽怯。

我想起前足球國青隊右後衛和我說的一句話，所有競技體育都是腦力運動。正如《孫子兵法》所說，「兵者，國之大事，死生之地，存亡之道，不可不察也」。動手之前要評估一下，如果打不過，就不要打。

當然，我不是在此提倡打架，解決問題有很多方法，最好的方式是報警，但有些時候避免不了要出手時，也得評估一下對方的實力。

通常情況下先看體型，一般體重重的，尤其是脖子粗、後背寬的人攻擊力較強。健身界都說新手練胸高手練背，後背力量被開發出來後，身體力量可能會增加一倍。如果是虛胖的人，雖然體重大，但不抗打，也不抗摔，要注意不能打對方心臟，通常胖人心臟機能較差。

其次要看對方身高，但身高也要辯證著看，如

果身高高，但協調性差的話，自己的中線保護不好，會被人跳進懷裏打。如果遇到身體協調性好的高個，除非在電梯等狹小空間近戰，否則不要招惹。

當然，並不是說瘦的矮的人戰鬥力弱，很多武術大師都是瘦矮型。瘦矮型的人在對戰中有生理劣勢，但是，在習練過程中，長功快，身體練出的整勁兒快，氣血到梢節的速度也快，短距離快速擊打的擺長短，破壞力強。所以，關鍵是看對手的協調性和精神狀態，不能一概而論。

我在拳館學習泰拳和綜合格鬥時，與身高不足170公分的泰國教練和巴西教練交手過。在對戰過程中，教練看似放鬆的一拳，勁道卻特別沉，真的格擋不住，疼痛感一直往裏走，打著打著就感到絕望，想放棄。

自己和半職業選手的實戰能力差距太大，這種差距不是一天兩天能彌補的。巴西教練常說，他們參加比賽之前就是吃、睡和訓練，打我們這種長期久坐的上班族真是太輕鬆了。

第 十七 講

技擊時要放鬆

　　有人會問，為什麼技擊時手會抖，大腦會短路，越想用勁時，反而越使不出勁。我想起在八極拳訓練中心的一段經歷。

　　有一天，有個男子帶著他孩子來訓練中心，他說：「我兒子每天打架，我賠了不少錢。」

　　這孩子身材不高，但非常結實，一身本不該這個年齡段就有的肌肉，眼神裏透著兇氣，我都不敢對視，心裏暗自驚歎。

　　教練正巧當天給他安排了實戰訓練——和「班長」對打。「班長」是個十七八歲的孩子，因為人機靈，又熱情，我們就叫他班長。班長練了兩年八極拳，瘦瘦高高的，真擔心被那孩子打壞了。

　　我正為班長捏一把汗時，那孩子已經發動了進

攻，前手刺拳加後手擺拳，後接一記邊腿，十分凌厲的散打組合招式。班長懶懶地向後跳開，躲過了進攻，後接一刺拳，和那孩子保持一定距離。那孩子組合攻勢結束後，換做「五五」步，準備第二次進攻，誰知沒站穩來了個劈叉，原來是被班長勾了前腳。

孩子的臉瞬間憋得通紅，起身出後手重拳，拳出到一半，「啪」的一聲，臉上中了一拳。那孩子過於心急，出重拳時重心靠前，前腳又被班長用腳掌搓踢，身子更加傾斜，臉結結實實地迎接了班長的前拳。

孩子的爸爸在旁邊看，表情有些扭曲。

那孩子回身一頓亂拳撲向班長，「啪」的一聲，他再次倒地，甚至沒給他爸戰術指導的機會就已經鼻子流血了。實戰結束。

大家架著那孩子去洗鼻子，我還立在原地，心想：原來技擊和打球一樣啊，老年喬丹「懶洋洋」又放鬆地進行一個接一個的後仰投籃，輕輕鬆鬆地「滅」了多少精力充沛的新秀啊！

回想起師父讓我們看《動物世界》節目，動物界的強者總是比較放鬆的，讓對方跟著自己的節奏，耗對方體能，摸清對方的底子後，就發起進

攻。比如狼圍獵野牛，總是在周圍溜溜達達的，讓野牛的弦緊繃，擾得野牛喪失理智時，破綻就出現了，此時就是野牛送命的時候。

八極拳有一層境界就是「自由架勢懶龍臥」，講的就是一種放鬆的狀態，想起來《十年一覺電影夢：李安傳》中談《臥虎藏龍》，李慕白呈現的就是「有貨」但很放鬆的感覺。

第 十八 講
傳統武術的擊打方式

　　網上有人問健身教練：「搏擊選手能打，還是健身教練能打？」這個問題我覺得相當於問遊戲中肉盾傷害高還是戰士刺客傷害高？健身教練和搏擊選手的身體結構和戰術素養有很大的不同。搏擊選手都是格鬥型肌肉，也稱速度型肌肉，他們爆發性好，協調性好，特點為肌肉收縮速度快。

　　雷雷在練習了半年自由搏擊之後，又輸給了王知亮，為自己的失敗解釋說都賴楊露禪，把太極拳改得不能實戰了。

　　這說明雷雷還是不瞭解什麼是太極拳，什麼是傳統武術，更不瞭解傳統武術的擊打方式。

　　舉一個例子來說明傳統武術的擊打方式，李小龍主張「強手置前」，而現代搏擊主張「強手後

置」。李小龍要求「強手置前」是因為「強手離敵更近，強手有速度快、距離短、準確性好的優點」。但是，前手拳動作線路短，加速距離短，按常理來講應該是力量比較小的。所以，想發揮出前手的擊打效果，就要使用傳統功夫的發力方式，就是傳統武術中所謂的「內勁」。這種內勁有人認為是體內筋膜快速離心收縮的過程，我覺得它像液壓機氣錘的發力方式，是一種短距離發力。

記得有一次，一個廣東的小夥子挑戰我師父，結果小夥子屢次被打敗，說老人家手太快了。師父說他每秒鐘能出 5 ～ 7 拳，我很詫異，真的能嗎？後來我理解了每秒出 5 ～ 7 拳的含義。

比如形意拳講究硬打硬進，出手就不回，起落鑽翻手不斷變化，這 5 ～ 7 拳相當於拆樓鑿牆的氣錘，震盪著向裏打，而不是像散打搏擊一樣，出一拳回來再出另外一拳。

傳統武術和現代搏擊都要求速度和反應，不同的是傳統武術要求先天反應，自然無意識的快，現代搏擊要求後天練就的快。

傳統武術這種本能反應很重要，一些動作超過了大腦反應和思考應對的速度。這種速度難能可貴的是能夠保證意、氣、力的相合。有的讀者可能會

問，不是說速度超過大腦反應和思考的速度了嗎，怎麼還有「意」呢？這可能就是「拳無拳，意無意，無意之中是真意」的「真意」。

我對形意拳瞭解相對多一些，在我看來有種說法比較靠譜。形意拳有幾種勁道：一是爆發勁，一觸即發；二是整勁，內外合一；三是螺旋勁，起落鑽翻。

擊打到人身上主要表現的是寸勁兒，這種寸勁兒來源於脊椎骶骨的急劇抖轉和胸腹內氣的集聚吐發。形意拳要求「一身具備五張弓」，從結構上保障了發力者的間架圓滿，使發力者的力量傳導充實。[1]

「五張弓」一方面是講力線，技擊時儘量不要產生分力，要在自己中線發力，打擊對方中線；另一方面講鬆緊適度，就像趴著的青蛙，始終含著勁但又不緊繃。

有人說傳統武術是用「經筋」打人。經分析我們認為是力或是「力能」，確切地說是「應力波」。在人體中，機械力是由肌肉收縮而產生的，產生的同時即沿著聯結肌肉的「筋」傳導，即順筋而行。力由筋作用於骨，不同部位的筋力由骨進行整合，最終作用於關節，從而產生統一的有目的性

的肢體運動。②

　　有不少人做測試，測試形意拳到底是怎樣打人的。研究者發現形意拳高手和新手的差別不在被打擊的表面，而主要在於：高手擊打工程人胸骨柄的表面到加速度最高值的時間非常短，而且擊打的波形有一個振幅，由最高值變化到負值；而新手擊打工程人時沒有這個振幅，試驗認為這個振幅就是所謂的內傷效果。③

　　有本書說師父的「丹田」能瞬間爆發出短促而猛烈的驚彈勁，被擊者會感到內臟彷彿受到一股強電流的衝擊，剎那間會驚呆、嘔吐並跌倒。④

　　我師父總說打人就像拍皮球，我琢磨這話的意思是自己是皮球，別人也是皮球。但是皮球打皮

　　①李曉陽．山西形意拳發力特徵的研究［J］．民族傳統體育，2013，3（28）：171-172.

　　②茹凱，蘇學良．武術健身訓練的理論基礎——經筋（筋脈）學說的科學闡釋［J］．首都體育學院學報，2004，16（1）：96-99.

　　③朱東，趙光聖，姚頌平，等．武術勁力探秘：形意拳崩拳動作分析及效果評價［J］．上海體育學院學報，2014，38（1）：89-93.

　　④李湘山．中國形意拳三體式椿功［M］．北京：華夏出版社，2014.

球,那不就彈開了嗎?如何能把勁打進去呢?在物理學中有一個理論叫作共振,就是一個物體可以將振動傳遞給另一個物體;如果振源的振動頻率達到被迫振動物體的固有頻率,那麼被迫振動的物體振動頻率最快。

大家想一下兩個人身體結構很相近,第一個人作為震源,做出擊打動作傳遞振動,被打的人接受震動,但是震動頻率跟不上擊打頻率時,自身就會受損傷。震顫是以波的形式傳遞能量的,而波傳遞起來更容易穿透,所以震顫比撞擊力更容易傷及對方的內臟,而且內臟和身體外部的震動頻率肯定不同,導致震動頻率更低的內臟遭受更大的損傷,這就是內家拳的傷人方式。

當然,外家拳力道大的話,也能把對方內臟打壞,但很費力,所以外家拳需練出很多肌肉塊。

我師父還比喻人體是正負極平衡的個體,如果突然給對方一個負荷,使之不平衡,就產生了打火的效果,這就是內家拳傷人的原理。不少人也說內家拳的特點有穿透性、黏沾性,發力能在一瞬間產生強大的支撐力與穿透力。

第 十九 講
「頂門子」徒弟練什麼

　　師父的徒弟裏面，極少數的人是真正練打法的，大部分徒弟是提供經費和當靶子用的。這個極少數的人就是「頂門子」徒弟。有人來挑戰師父，「頂門子」徒弟先上，替師父試探對方的功夫深淺和打法特點。

　　我師父常說「頂門子」徒弟是「自帶三年把式」的人，也就是說他有天賦和膽識。我就是「先天沒帶把式」的人，記得小時候與別人打著玩，一旦被追，自己就膽怯地倒在地上。

　　我師父說「頂門子」徒弟與一般徒弟教授的東西不太一樣。比如形意十二形裏的馬形，特點是蹄疾步穩、踏石留印、抓鐵有痕。

　　《拳經》說：「馬形者，獸之最義者也。有疾

蹄之功，又有垂韁之義。在腹內則為意，出於心源，在拳中而為馬形。」對一般學生而言，師父也不講透其中之理，任由大家去練罷了。

但是，對於「頂門子」徒弟，師父會要求他對如馬「有疾蹄之功」進行思考。為什麼馬可以駕轅，但騾子只能拉套？

這是因為馬有疾蹄之功，跑起來快，而且想站住就能站住。急剎車時的動作是腰胯後坐，前蹄打直，這個急剎車勁與形意拳的整體剎車勁類似，所以說「頂門子」徒弟能掌握打法的精髓。

我師父教了我二郎門的十招打法，這些招式都是教給「頂門子」徒弟的，而且這些招式相對私密，每種打法都是可以直接實戰，且在一兩招之內便可解決，比較實用。

讀者也許會問你怎麼把這麼私密的東西公開了，一般書裏不說這些。我覺得功夫這個東西，能上心練的人，不教自己也能悟，不上心的人「餵到嘴邊也不吃」，寫出來希望有緣的人可以看到。

第一式是正戳手（如圖6所示）

【動作要領】前手手心向下，後手手心向上，前後交叉替換，直戳對手。

不要小看這個簡單的動作，如果能做到用力均

圖 6　正戳手　　　　　　　　圖 7　反戳手

勻和陰陽分明，那麼在實戰中效果會很受用。在一
次實戰訓練中，同學詫異我雖然身高這麼高（接近
190cm）、胳膊這麼長，但連續出拳速度卻不慢。
我暗笑，這應該要歸功於正戳手的練習。

第二式是反戳手（如圖 7 所示）

【動作要領】前手手心向上，後手手心向下，
前後交叉替換。

這一招式的用法主要是拿人，俗稱「手別
子」。一般傳統武術中試探對方時喜歡出鑽拳，如
果打到對方就接著往裏打，如果打不到，但對方已
經近身，那就變換成拿法。

圖8　正撩手　　　　　　　圖9　反撩手

第三式是正撩手（如圖8所示）

【動作要領】前手手心向下，後手手心向下，動作好比後手抓起一把土，然後向前丟出去，前後手交替進行。用法是向前劈抓，有點像八極拳的「猛虎硬爬山」。

　　剛和師父學拳時，師父說猴形有一個試探的招式，主要是佯攻。如果你身上的勁兒練整了，那麼這招也是有殺傷力的。隨後，他做了猴形劈抓的動作，打得我胸悶說不出話，用的就是這個手法。

第四式是反撩手（如圖9所示）

【動作要領】前手手心向內，後手手心向下，有點像彈手的動作，前手像鞭梢一樣向前甩擊。

圖 10　單砸手　　　　　　　　圖 11　雙砸手

　　我也是練了傳統武術後才發現，人們用掌心扇
耳光勁兒不順，倒是應該用掌背。但是練過武術的
人也知道，用掌背扇耳光是會出人命的。反撩手就
有點像用手背抽人的感覺。

　　第五式是單砸手（如圖 10 所示）

　　【動作要領】單手做羊蹄拳（食指與中指突
出），由上斜向下砸擊對手的手腕或手肘。當人體
放鬆時，從頭部到腰部拳頭做自由落體動作，單單
依靠重力，這個動作的威力就挺大的，如果再加上
腰後坐的勁，下砸的力量還挺恐怖，核心是放鬆。

　　第六式是雙砸手（如圖 11 所示）

　　【動作要領】雙手做羊蹄拳（食指與中指突

圖 12　正護頭

圖 13　反護頭

出），由上向下同時砸擊對手的手腕和手肘。

　　因為雙手同出，所以無法在前後手上找陰陽平衡，那就需要用腰和雙手做反向用力，腰必須向後坐，才能打出雙手的劈砸勁。

　　第七式是正護頭（如圖 12 所示）

　　【**動作要領**】前後手肘先後由外向內做擰裹動作，破對手攻擊自己的線路，保護自己中線，在擰裹的同時發力出拳。

　　這個動作有點像八極拳「四郎寬」裏的動作，也像太極拳的「反向雲手」，也像形意拳虎形的「虎洗臉（貓洗臉）」，核心是護住中線，勁兒往裏裹的同時，做出攻擊。

圖14　正戳手變拳

第八式是反護頭（如圖 13 所示）

【動作要領】形意拳炮拳的變式，前後手由內向外擰裹，保護自己中線，同時出拳攻擊對手。

注意的是格擋時要沉肩，用肩、肘形成支撐結構，不能讓對手把勁兒打進來，同時，這個支撐結構不是靜態的「死」撐，而是需要把對方的來勁兒傳導到腰，再轉換成攻擊的勁。

第九式是正戳手變拳（如圖 14 所示）

【動作要領】做正戳手加崩拳動作，這是一個組合動作。

在實戰的時候，攻擊的方法有組合拳，一般拳擊組合拳的經典用法是打頭與打腹相結合。總有護

圖 15　側砍動作

不住的時候，就是這招的精髓。

　　第十式是側砍組合動作（如圖 15 所示）

　　【動作要領】先用鑽拳試探，換手顧住對方，同時側砍，這是一個組合的打法。

　　出拳試探後，近身斜上，從側面斜砍，有把人斜著劈成兩半的意思，有點像八極拳裏的盤打或盤踢。

　　我展示的動作不太全面，也不太標準，這一部分的重點是詮釋一個理念，那就是前後手的對應關係，以及每個打法都涵蓋擰裹的小動作，這個小動作是打法的精髓。沒有前手的擰裹，後手就很難發出來旋轉勁兒，擰裹是點燃丹田和全身整勁的導火

圖 16　戳手

索。

　　既然把打法說了，這裏順便把鐵砂掌的手法也說了吧，希望有緣之人能夠學到、悟到。

　　第一個掌法是戳手（如圖 16 所示）

　　放鬆手指下戳，這個戳勁兒不是運用手指勁兒，而是運用整個手臂，乃至上身的下沉勁兒，把握的原則是放鬆手指，不要過分受力。

　　讀者可能會問，手指不用勁兒那練的是什麼？鐵砂掌的名字，還有電影裏打鐵砂的情節誤導了不少人，大家以為打鐵砂需用力。

　　其實，練鐵砂掌的精髓是，在不傷害手的筋骨、皮膚的情況下把勁兒練透。記得在八極拳訓練中心時，我打沙袋把手都打破了，還找教練炫耀，表明自己很用功，然而教練卻說我打錯了：一是受力點不對；二是接觸拳袋時的受力方向偏了；三是打的力太大了。總之，傷了就不對。

第二個掌法是側砍（如圖 17 所示）

雖說是側砍，但是真正練成了，絕不是用側掌去砍傷對手，而是像大刀的用法一樣，不是刀刃傷人，而是刀尖傷人。

圖17　側砍

第三個掌法是正拍（如圖 18 所示）

正拍要格外注意練法，因為手心格外脆弱，受力面積大，還涉及氣流的反向作用，所以很容易受傷。我師父當年練得太勤快了，結果手心的皮和肉都分離了，差點把手毀了。

圖18　正拍

第四個掌法是反拍（如圖 19 所示）

反拍就要注意對筋骨的保護，千萬不能用力，因為手背肉很少，打在沙袋上會直接接觸筋骨。打完了要多按摩手背。

圖 19　反拍

第五個掌法是壓掌根（如圖 20 所示）

掌根可能是最容易打出力量的動作，要多練習把腰勁兒傳導到掌根。

要再次強調無論練習哪個動作都要放鬆，不能用勁兒，否則容易把皮和肉打分離了。

圖 20　壓掌根

第 二十 講
習武的核心——練基本功

一般情況，人們習慣將武術的基本功分為肩功、腰功、腿功、手形、手法、步形、步法等，透過基本功的練習，可使身體得到比較全面的鍛鍊，並能較快地提高專項身體素質，為學習拳術和器械套路、提高運動技術水準打下良好的基礎。

但是，我認為這是一種誤解，內家拳的基本功不是這些基本動作，而是對發力原理和武術哲學的學習，就好比裝備製造業的基礎是材料學。我們提出了打造裝備製造強省、強市，如果沒有考察自己省市材料行業的底子就貿然搞起了裝備製造業，那麼很容易以失敗告終。可見「認清基礎」是多麼重要，那什麼是傳統武術的基本功？

我想起剛學形意拳時，師父說你不要著急，椿

功站到位，再練五行拳。可是如何才能將樁功站到位呢？師父說，樁功站到位不能論其時間的長短，而是要站正確，就像裝了水的塑膠袋，全身氣息鼓脹，受力均勻即可，無論站起來還是蹲下去，身體裏的氣感總是充實的，不會出現散亂現象。（如圖21、圖22所示）

當時，我就陷入了迷茫，還是沒有搞清楚如何才能站到位。後來我哥說他看到一本日本人練習箭術的書，書中師父要求他每天搭箭拉弓，保持拉弓姿勢，什麼時候箭自己射出去了，箭術就練成了。此時恰好聽了軍轉幹部說「有意瞄準，無意射擊」的事，我瞬間明白了。

每次先站三體式，站久了有意無意地就向前打一拳，這一拳保持著三體式樁功的要求，這個時候就是站樁站到位了。

圖21　塑料袋被放鬆時全體　圖22　塑料袋被提起時全體
　　　均勻受力　　　　　　　　　均勻受力

　　我在滄州孟村學習八極拳時，經人口述瞭解，李書文當年學槍只學了「攔、拿、紮」，便回家苦練，後來功夫特別精深，沒有套路和花架子。李書文登峰造極的精技純功，因其槍法、拳術天下無雙而得「剛拳無二打、神槍李書文」之美譽。無論傳言是否真實，都感覺他走了一條「一招鮮吃遍天」的路徑，這個路徑就是強化基本功練習。

　　關於尚雲祥的傳言也很多，拳友說尚雲祥剛學形意時，師父只教了他劈拳。尚雲祥也不多問，專心地練習劈拳，日復一日……有一天師父過生日，讓大家展示各自學的本事，人們紛紛展示自己所學的套路討師父高興。

　　輪到尚雲祥表演時，他說他只會劈拳。師父說那就表演劈拳吧，因為做壽是大喜，尚雲祥專門穿了一雙新鞋。結果，一趟劈拳打下來，新鞋就震碎了。師父誇讚尚雲祥的功夫練得純粹。

　　師父總提起王薌齋，王薌齋自1894年開始與郭雲深大師學習形意拳，因其終年刻苦修煉，寒暑不輟，深究拳理，備受郭老青睞，故盡得郭老畢生拳學之精髓，弱冠之年，已成為一代名師。師父常說，王薌齋練的拳一定是最核心的基本功——椿功。

第 二十一 講
習武之人應更加敏感

　　王薌齋評價謝鐵夫「勢如烈馬扭絲韁，谷應山搖一齊撞」，就是說他練武時與身邊環境都是協調一致的，有那種氣場的存在，對手一看就知道自己打不過。有些東西我們是無法用手觸摸到的，如遠處的物體或者風景，但我們卻可以用眼睛看到它們的存在；有些東西我們無法用眼睛看到，也不能用手去觸摸，如歌聲、音樂、話語等，但我們卻可以用耳朵來感知它們的存在；還有一些東西，我們無法用感觀直接來感覺，如紫外線、紅外線、細胞、粒子與電磁波等等，但我們可以製造各種儀器和藉助工具來感知它們的存在；有一些東西眼睛看不到，或者看到了無法用語言表述，或者大腦不做成反映的東西，當你把身體保養得非常敏感時，這些

東西就會看得見，或者感受得到。

催眠大師艾瑞克森認為，所有的行為都是心理的反映。他能由司機的眼神、動作等資訊判斷司機下一步的行車方向。其實，武術也是對人敏感度的鍛鍊。有一次我跟我爸上街，就感覺被小偷跟上了（很好辨認），小偷在我爸身後，他的同夥在側面呼應，小偷要伸手時，先調整步伐，與我爸步調保持一致，全身心地準備掏兜，全然不顧周圍人的存在，這時我叫住我爸說：「等我一會兒！」小偷被嚇了一跳，他們幾個人就組團離開了。

還有一次我去商場，到商場門口時就覺得不對勁，大腦裏有時間過得特別慢的感覺，然後在腳踏過門的一剎那，兜微微抖了一下，我立刻回身抓住小偷的手，要回了手機。

《逝去的武林》中說，尚雲祥睡覺時，周圍人說話走動都不影響他，但一旦有人將目光停留到他身上他就會醒。我覺得這種說法並不誇張。

李小龍認為，習武人的意識就像自己的一面鏡子，它一無所有，但又包羅萬象；它接納一切，卻又一無保留；無為無欲，卻又隨時準備接納，以無意識用以支配整個意識。

因此，功夫中的注意力集中並非是通常的集中

全部精力在某件事物上，而是對外界隨時可能發生的事件在發生之前保持靜態的一種警覺性。

我孩子小，每次哄睡放她到床上都很困難，小心又緊張，我眼睛緊盯孩子，然而孩子反應很敏感，我一看她，她就醒。後來我就放鬆，放她時不看她，她反而能繼續睡。

月嫂在家一個月沒出屋，入戶時還是夏天，出戶時已是秋天，我們已經將半袖換成了外套，但月嫂出門時堅持穿半袖，當時氣溫在 20 度左右，我問她不會感冒嗎？月嫂回答說，她已經麻木了，對氣候和季節變化不敏感了。但是，她知道自己身體狀況很差，睡眠不好，要嘛很久不感冒，要嘛感冒一次很難好。就是這個道理，不健康的人身體不敏感。有一次聽同事說她自己身體狀態很好，但就是胃出了問題，出了什麼問題呢？她說一喝酒就不舒服。我說那是你的胃恢復正常了，以前胃都被酒泡得麻木了。

練武術的人身體一是處於正常狀態，有著常人的自然反應；二是在正常水準之上，有超出常人的敏感性，好比好多內家高手，毛孔感覺敏銳無比。很多人練武練久了都會覺得空氣有阻力，我最開始以為是汗毛出了問題。

第 二十二 講
街頭格鬥要注意哪些事項

　　街頭格鬥泛指競技格鬥外的非規則格鬥。街頭格鬥要注意哪些事項呢？我先按《孫子兵法》的體系和大家說說。

　　孫子曰：「兵者，國之大事，死生之地，存亡之道，不可不察也。故經之以五事，校之以計，而索其情：一曰道，二曰天，三曰地，四曰將，五曰法。危道者，令民與上同意也，可與之死，可與之生，而不畏危也。」

　　人體的協調性也是道，人體不協調，手腳都跟不上，怎麼進行街頭格鬥。

　　「天者，陰陽、寒暑、時制也」，自己頭腦不清醒，情緒不穩定時，不能動手。

　　「地者，遠近、險易、廣狹、死生也」，分析

所處環境，敵我對比，看能不能打。

「將者，智、信、仁、勇、嚴也」，將者，相當於殺招，其實指的是有沒有一招制敵的家底。

「法者，曲制、官道、主用也」，意思是平時的戰術是否能有效執行。

「兵者，詭道也。攻其無備，出其不意。」「詭道」就是「知道的」打「不知道的」。練巴西柔術時，菜鳥一般都是「送人頭」，這就是「知道」與「不知道」的區別。

「夫未戰而廟算勝者，得算多也；未戰而廟算不勝者，得算少也」，所以說，在街頭格鬥前要做一個整體的評估。

《孫子兵法》說：「上兵伐謀，其次伐交，其次伐兵。」

街頭格鬥也是這個道理。交手時根據不同的對手，採取不同的策略，我師父說街頭格鬥時遇見年輕人就沉臉喝住對方，讓對方感到恐懼，如果對手年長就要裝慫，讓對方放鬆。

「不可勝在己，可勝在敵。故善戰者，能為不可勝，不能使敵之可勝。」街頭格鬥風險高，不到萬不得已不要動手，動手的基本原則就是別被對手擊倒，被擊倒可能就沒有還擊的機會了。

街頭對戰還要注重攻心奪氣。心要靜，本書後面會說到，你如果能夠靜是因為「有貨」。有的讀者可能會說，作者絮絮叨叨說這麼多，也沒告訴我們應如何格鬥。在迫不得已需要街頭格鬥時，有以下需要準備的事項。

第一，你要會「一招鮮」

對付稍微練過點格鬥的，你必須在對方「拳打兩不知」時，使用「一招鮮」。

《孫子兵法》講「用兵一奇一正」，「一招鮮」就是那「一奇」。

出拳試探是正兵，佯攻；奇兵是後旋踢。健身者被搏擊選手一腳踢傷就是因為有「一招鮮」。健身者想我這麼壯，挨幾下打沒關係，找準空檔，近身可把對方揍了，結果搏擊選手直接上後旋踢，踢中健身者的喉結或下巴，將其擊倒，沒有給對手反擊的機會。

《孫子兵法》說：「故兵聞拙速，未睹巧之久也。」

師父說交手就是一瞬間的事情，哪有武俠小說裏說的幾百回合，尤其形意拳更是如此，成敗就是一下，而且只要進身，出手就不回，直接打倒對方。

第二，街頭格鬥還需要注意動手有虛實

因為人的關注點、精力都是有限的，特別是緊張時，大腦是不理智的，當出虛招時，對手多容易上當，所以要清晰地把握戰機。

徐曉東打雷雷時，雷雷並不是一點機會都沒有，在徐曉東第一次上撲時，雷雷側身撥過了進攻，徐曉東重心左前傾，奈何雷雷沒有攻擊的功底，戰機轉瞬即逝，最後被徐曉東擊倒。

第三，在器械方面，建議使用匕首和石灰粉

如果自己手持長兵器，那就猛打不進身，如果徒手遇到對手拿匕首，最好逃跑，或者在地上抓把土，持匕首的人忌憚你手裏的土迷其眼睛，就會保持一定距離。

我有過一段夫妻兩地分居生活，妻子一人在家，師父建議家裏不放兵器，最好放包石灰粉，有意外就往對方眼睛上扔，放兵器可能給別人準備了。

第四，街頭格鬥中還要注意合勁

老虎或獅子打鬥時，肘和胯從不外張，其實人在打鬥中也一樣，形意拳講究手不離心，肘不離肋，一方面有利於防守，另一方面有利於力量的傳導。

第五，街頭格鬥中還要注意的是，站架一定不能散

網上有個視訊很有名，一名土耳其拳手一個人打倒六七個人，有人頭在前衝過去再接後手拳，還有人做飛腳的動作直接把臉送過去。而土耳其拳手站架很穩，直接出拳擊中對手的頭部，邊打邊後退，如坦克後撤，但炮臺一直架著。

有個傳統武術實戰派的人曾說過，他訓練徒弟時，重點要求徒弟站抱架，抱架站穩了，身體的重心就平衡了，相當於書法中楷體練好了，寫字就有規矩了。

站架包含陰陽關係。你不攻擊也不防守時就是無極狀態，當你有了攻擊別人的念頭或動作，那麼太極自然生兩儀，就有了陰陽兩極。

第六，在街頭格鬥中，身體素質就是糧草，沒有好的身體素質，就沒法贏得勝利

《孫子兵法》講，「凡用兵之法，馳車千駟，革車千乘，帶甲十萬，千里饋糧。」參加籃球比賽之前，我總幻想自己發揮如何出色，比如投籃奇準，防守無敵，頭腦中構想出各種出彩鏡頭。

但實踐證明，如果不訓練，直接比賽不可能有好的發揮，每次都會被對手虐得很慘，自己還經常

受傷。

有一次組織機構籃球比賽，我諮詢了專業人士，他建議賽前一週跑一次 3000 公尺，隔一天練投籃 100 個，隔一天做俯地挺身、深蹲訓練。

正式比賽時，果然感覺自己已經有底子了，體能有保障，動作不變形，速度跟得上，第一場比賽發揮得就很好。怪不得喬丹、勒布朗如此重視賽前訓練和熱身。

第七，街頭格鬥中要注重策略

《孫子兵法》講：「攻而必取者，攻其所不守也；守而必固者，守其所必攻也。」遇到強悍的對手，不能膽怯，要動腦子，主動攻擊其薄弱之處，不要一味地被動防守。

具體怎樣做，按照《孫子兵法》中「我專為一，敵分為十，是以十攻其一也」來做。

有一次我們和武警打籃球比賽，武警的身體素質很好，內線對抗能力很強，弱點是防守不成體系，進攻後回防慢。我們分析了一下應該採取快攻戰術，搞得武警沒有防備，開局打了個 20 比 0。在街頭格鬥中也是如此，要集中精力攻擊對方薄弱之處。

《孫子兵法》講：「夫兵形象水，水之形避高

而趨下，兵之形避實而擊虛。水因地而制流，兵因敵而制勝。故兵無常勢，水無常形。能因敵變化而取勝者，謂之神。」

這裏講了一些小細節，比如高處打低處，順風打逆風，背光打逆光，總之要順著自己的勁兒，去擊打勁兒不順之人，最終達到《孫子兵法》所言「故其疾如風，其徐如林，侵掠如火，不動如山，難知如陰，動如雷震」的狀態，讓對手恐懼而摸不透，這就是街頭格鬥高手在實戰中的體會。

第四部分

傳統武術與現代
搏擊有什麼聯繫

　　我是先接觸傳統武術，後接觸現代搏擊的。因為受徐曉冬和雷雷事件的觸動，我開始學習現代搏擊，為的是試驗一下傳統武術的實戰能力。

　　記得有一次去英語角，外國人問我有什麼愛好，我說我喜歡武術，話音未落，外國人直接向我出了一拳，我一愣，老外拳未到我身上就停手了，弄得我很慚愧，覺得練了這麼久的武術，學了不少套路，站樁也站了好幾年，為什麼他人動手，自己卻毫無反應，那麼傳統武術到底能不能打呢？其實自己心裏也特別沒底。

第 二十三 講
巴西柔術與傳統武術有哪些相通之處

　　當年，雷雷說能坐著單手破裸絞，某大師說能唱著歌破裸絞。於是，我特地挑了一家巴西人做教練的武館學習巴西柔術。

　　武館老闆說，在技術差不多的情況下，大家會果斷選擇外國人做教練。我也是這個心理，學柔術的同時還能練口語，何樂而不為呢？

　　從學習蝦行開始，我按部就班地學習騎乘、背後控制、側向壓制、浮固、封閉式防守、背後裸絞、三角絞、十字固、木村鎖、美式肩鎖等。後來，每堂課增加了實戰訓練。

　　有一次，我與一位半職業選手進行較量，半職業選手身高170，不到70公斤，但完全壓制了身高187、體重85公斤的我。他一上場，憑藉靈活

的走位，佔據優勢位，先將我壓在身下。雖然最後我沒有被絞殺，但是始終處於劣勢位。賽後請教他，他說要先瞭解自己是什麼類型的選手，自己的優勢是在交手的前期、中期還是後期，要有策略地分配體能。半職業選手搶到優勢位後，充分放鬆，用身體感覺對方的對抗點；當充分放鬆後，身體會特別沉，往往能壓制體重大於自己的選手。

巴西柔術的技巧與象棋、足球、籃球是一致的，也是腦力的比拼，也要分虛實，還要分陰陽，每個動作都是攻守結合。

回到最初的話題，裸絞是柔術中常用的一招，是從對手背後實施絞殺的招數，實用性相當高，不少人以此招克敵制勝。裸絞最初來源於柔道，原本是針對赤裸上身的對手進行的一種絞殺技術，後來由於巴西柔術的推廣被大範圍引用學習。

至於傳統武術能不能唱著歌就把裸絞破了，練過巴西柔術之後，我覺得不太可能，即使練過雜技的也不行。在後來的實戰中，我多次被裸絞，也多次裸絞別人，從未見過裸絞被成功破解的。

巴西柔術與傳統武術有哪些相通之處呢？

一是都要放鬆

練習巴西柔術第一堂課時，我遲到了，沒有熱

身就直接實戰，直接被一個半職業的選手扭到了脖子。當有一處傷後，我就更加緊張，搞得總受傷，而且體能嚴重跟不上。

有一次我和另一位業餘選手車輪戰一位半職業選手，總共較量了接近十局，沒贏一局。我就問半職業選手技巧，他說關鍵是放鬆。後來教練說了，躺在訓練場上要像感覺回到家一樣放鬆。於是我的訓練節奏逐漸跟上，開始主動放鬆，放鬆後頭腦更加清醒，動作也更快、更輕盈。這一點和習練傳統武術的要求一致。

二是都是以強勝弱

很多巴西柔術訓練館的廣告是「女人學了巴西柔術之後能夠制服男人」，其實在告訴我們巴西柔術是以強制勝的運動。

我練巴西柔術時總結出一個道理：在運用肢體時，腰部力量勝過大腿力量，大腿力量勝過大臂力量，大臂力量勝過小臂力量，小臂力量勝過手腕力量，手腕力量勝過手指力量，雙手力量勝過單手力量。女人贏了男人，一定是女人的大關節制服了男人的小關節，比如用大腿和腰發力，以十字固住男人的胳膊。有人說那不是「廢話」嘛，看似「廢話」，但是有些人在交手時，真的是腦子懵了，用

自己胳膊和對手大腿較勁，用自己的手指去對抗對手的胳膊，最後被降服而且受了傷。所以在對抗中，要保持清醒，儘量要佔據優勢位，比如用雙手對抗對方單手。按照合理的戰術安排，搶到優勢位，制服對手只是個時間問題。傳統武術也一樣，會用腰胯的人勁道要大於只會用四肢的人。

三是都要攻守兼備

巴西柔術和下象棋一樣，每出一招，一方面要防守，另一方面也要進攻。所以教練特別要求學員對抗時要運用烏龜防守式，無論躺、坐、蹲，抱架都不能鬆懈，不能給對手留空隙。我總問教練練習巴西柔術是否要「balance（平衡）」，教練很開心，認為我有所領悟。

《孫子兵法》認為，「故善攻者，敵不知其所守；善守者，敵不知其所攻」。我一次與一個強手對練，心想反正打不過，只要別太快被降服就行，所以拼命防守，基本不進攻。如此一來，對手特別放鬆，變著花樣進攻，導致我很疲憊，最終還是被降服。後來又有機會對戰，我改為假裝放棄進攻，然後突然猛地進攻，對手沒想到，反而被我控制住了。也就是既然「趙已無救」，那不如「全力攻魏」，最好的防守就是進攻。

第 二十四 講
綜合格鬥與傳統武術
有哪些相通之處

　　綜合格鬥有自己的規則，所以也有相應的訓練體系。現在比較流行的是在站立時使用拳擊、泰拳技術，在地面時使用巴西柔術。

　　我所瞭解的傳統武術在地面技術方面，並不佔優勢。一直好奇既然點穴那麼厲害，卻沒有點穴高手上擂臺，後來我琢磨習練點穴之人，第一多不是爭強好勝之人，第二是有可能地面技術太弱。因為綜合格鬥對選手的綜合素質要求較高，所以至今未發現點穴高手上綜合格鬥擂臺。

　　至於太極能不能「收、化、發」綜合格鬥，據我觀察，綜合格鬥選手在站立時根本不會給太極大師近身的機會，更不會被長勁兒控制，而且太極大師會被立即放倒，哪給他所謂「收、化、發」的機

會，除非有站著不動的弟子配合才行。

我在拳館嘗試了一下與拳友實戰。拳友是個左右皆通的選手，不太好判斷主力手，但是經過幾輪比試後，我還是佔據了上風，原因是拳友主要靠後手和後腳打擊，前手前腳基本沒有威力。我稍一近身就用自己前手進攻，這個前手用的是形意拳半步崩拳的勁道，在短距離用丹田發力，效果很明顯，拳友懼怕前手威力，導致後手也很被動。拳友的攻擊特點是攻守分離，要嘛進攻，要嘛防守，而我恰恰用的是形意的打顧結合，顧住拳友的攻擊，同時借力轉化為我的攻擊，整個攻擊體系較為完整。

後來，我有一段時間不去訓練，再去與拳友對打時，發現已經打不過了。詢問拳友最近練了什麼，拳友回答，一個半專業選手告訴他在力量和速度面前，技術是被碾壓的。所以拳友這段時間一直在「擼鐵」。

我觀察拳館來的半職業選手，一直在練力量，他們注重在放鬆的狀態下，做阻力訓練，比如將皮筋套在腿上慢慢地做掃腿練習，這種練習不會因為肌肉維度增加而使靈活性下降。

綜合格鬥中站立泰拳與傳統武術的相同之處有以下幾點：

一是都要放鬆

我練泰拳時接觸過一位在國家體工隊練過的拳擊手，他說最開始打沙袋時要放鬆，慢慢地打，不能用力；當身體無法承受高強度擊打時，手指、手腕、手肘都會被損壞。

這一點和傳統武術練習時很像，最開始習練是不能用力的。

二是都用對稱勁

泰拳中邊腿的動作要加一些反方向擺手的動作，目的是為了加大踢腿的力量。

三是練習時都是先慢後快

我腿的功夫比較差，柔韌性特別不好，所以比較抗拒踢腿練習。

學了泰拳後，我對腿部的練習稍微有了興趣，最開始時只做空擺腿，慢慢擺，動作定型後才加速度和力度，這一點和傳統武術有些像。

四是都是以聲催力

泰拳的躲閃動作比較少，對抗訓練比較多，在身體接觸時，教練要求發聲，但沒說太多發聲的技巧。

第 二十五 講

相對於現代搏擊，傳統武術
有哪些特點

我主要從習練和實戰兩個角度，談一下自己的
看法。

傳統武術有以下幾個習練特點。

首先，認知一元論對傳統武術很重要

無論是武術、中醫，還是京劇、書法，無不強
調一元論。所以說，離開一元論的傳統武術絕對不
是傳統的功夫。

孫祿堂總說的「一氣」，以及所謂的無極生太
極，都是一元論的描述方式。我師父說如果你能夠
理解那個「一」，就算他沒白教。多少人窮其一生
都沒悟到武術中的這個「一」，所以始終在武術的
門外徘徊。

「一」的概念很廣：揉麵做飯用「一」勁，行

立坐臥用「一」整體性，五臟六腑與形體、情緒合「一」，做人做事保持「一」致性，過去、現在、未來都是「一」。

現代搏擊整體觀相對弱，存在強化局部的訓練理念，比如左手拳和右手拳都是分開練習，先訓練慣用手，再訓練非慣用手；進攻和防守的訓練也是分開的。訓練理念有點像西醫的「頭痛治頭、腳疼醫腳」，拳弱就加強練拳，腿弱就加強腿功，腰腹力量不足就練核心力量。

其次，傳統武術強調陰陽平衡

無論八卦掌的「六十四手」還是八極拳的「兩儀樁」都是陰陽平衡的表現。這個平衡要超出巴西柔術的攻守平衡，它要求內臟平衡、呼吸平衡、時間平衡等。內臟平衡指水火相濟，心與腎要保持平衡，否則心腎不交，易產生疾病。

呼吸平衡相對好理解，有呼就有吸，吐出多少自然會吸收多少，「捨得捨得，不捨不得」。時間平衡，如春夏不生不長，秋冬自然不獲不藏。李小龍曾講過，在截拳道之中，無論是防守，還是攻擊，都離不開陰陽變化。

再次，習練傳統武術不求結果

現代搏擊的訓練目的性太強，直接練擊打力和

殺傷力。習練傳統武術，是享受過程，而不是為了最終的結果，無論是養生還是技擊，只追求道法自然，自然而然的結果，而沒有所謂學科訓練的目標。幾乎所有老師都說不要去找勁兒，不要去用勁兒，但勁兒就自然來了。

《靈樞》記載：「爪苦手毒……手毒者，可使試按龜，置龜於器下，而按其上，五十日而死矣。」這句話說明，習練武術一定要有時間的長度，才能有功夫。

我師父說他用石頭往木頭模子裏丟，先丟最大的孔，逐步丟到最小的孔，之後再加力度，後來家裏出現老鼠，用鑰匙一丟老鼠就死了，這就是功夫。如果最開始就想練打死老鼠，那麼必然中途會放棄。剛學形意拳時，拳友總說攢拳如做餅，在練習手勁兒的過程中要強調攢拳的過程性。我師父也提供了一種練習擒拿手勁兒的方法，就是用短棍繞繩，由旋轉短棍，向上提拉水。（如圖 23 所示）隨著勁道不斷增長，可把礦泉水換成更重的物體，原則是手不能出現疼痛，否則會傷筋骨。也可以用手抓有水的罐子，放下，再拿起來，水逐漸增多。功夫就是個不問結果的修道過程。

在實戰中，傳統武術有以下幾個特點。

圖23　擒拿手勁兒的練習方式

第一，出手就不回

傳統武術，特別是形意拳，出手後就不收回了，後續是連續不斷的攻擊。前手出去，如果落空，前手會化作後手，後手會變成前手。比較典型的招式是「一馬三箭」（進退崩拳）。

單單的一個前手也是起落鑽翻向前打，不會是點到為止那麼簡單。這個力道就像拆樓用的大型氣錘機器，只要貼上就會一錘接一錘地鑿下去。師父和我說他一秒鐘能出五至七拳，我表示懷疑，後來才知道前手在一秒鐘的變化，又何止五至七拳啊。

第二，打顧相結合

傳統武術沒有先攻後守的招式變化，只有打顧

結合。形意拳是後浪推前浪，這一點和八極拳遵循同一原理。

記得有一次，鄒市明接受採訪時說，他的教練以前是練傳統武術的，教他後撤的時候也不能放棄進攻，防守與進攻總是同時進行的。

在拳館訓練時，泰拳總是把防守和進攻割裂開來，攻擊的時候不兼顧防守。傳統武術中所有的動作都是攻守兼備，而且防守與進攻的力度基本相同。有人可能會問，怎麼可能防守與進攻的力量相同呢？比如你防守對方的擺拳，是橫向來的力，但你打出的是直拳，是縱向的力。

兩個力線的方向都不同，怎麼可能相互平衡呢？這就是習練形意拳的目的。

習練形意拳要求橫勁與縱勁的靈活轉化，要求以腰和丹田為核心，形成一個球體結構。力量方向的調整依靠肘、肩、腰、胯，再加上後腳跟的撐動，可加大打擊效果。

第三，手不離心，肘不離肋

我在家觀察貓打架時，發現小貓打架的招數和老虎、獅子等貓科動物一樣，前爪的活動軌跡總離不開肋的兩側，而且肘不外翻，腰間的力量能傳導到掌根，所以虎撲威力驚人。現代搏擊也強調使用

腰。

第四，用丹田勁

站樁久了，氣息鼓脹，人也變得精神、自信了，我深有感觸。有一次在師父家，他說我最近堅持練習得比較好，我坐在凳子上打崩拳，能把凳子崩斷。師父說這是最初的感受，如果使用丹田還會有別的感受。這種感受就像瓶子裏有少量的水，哪裏需要就能把水晃到哪裏。

拳友說有一次他和他的父親去做足療，因父親有紮實的通背拳功底，足療師怎麼也按不住他父親腳的穴位，他父親說足療師手法不夠放鬆，一用勁兒他的身體就會防禦，一股氣頂過去，足療師怎麼也按不動，這就是練武人調丹田的感覺。

現代搏擊的發力方式是肌肉先收縮，再放鬆，再緊張；而傳統武術主要是發勁，整個過程肌肉並不是一直處於緊張狀態，甚至大部分時間是處於放鬆狀態，主要依靠筋、氣擊打。

第 二十六 講

徐曉東的幾位傳統武術
對手功夫究竟如何

　　讀者可能會問，既然傳統武術有這麼多的技擊特點，那麼為什麼在現實中我們卻沒看到呢？尤其是徐曉東對戰的幾位傳統武術愛好者，在他們身上怎麼看不到這些技法？這幾位武者的水準到底怎樣，本節做一下客觀分析。

　　雷雷是最早一位與徐曉東比武的選手，整個交手過程沒超過十秒。客觀來講，雷雷有一定的功架基礎，因為徐曉東在第一輪攻擊發起時，雷雷首先把徐曉東支開了。

　　這個支開說明雷雷在類似三體式的姿勢上下了一定的功夫，骨架形成了記憶，防住了第一輪進攻。雷雷開局的步伐，確實是腳尖對敵，這是合理的，只是掰步時重心起伏比較大。

從雷雷倒地以及躺的姿勢來看，雷雷只具有某個姿勢的功架，但身形總體比較散，核心力量相對弱。另外，腳步「雙重」加上胯沒合住，導致在被擊打時上身重心後傾。

這次對戰時間短，看不出體能，但從後來雷雷對戰王知亮的視訊來看，雷雷的體能總體也偏弱。

從膽略來講，雷雷一開始就輸了，他預想的是推手加肉搏，總會有雲手放長勁兒的機會，但徐曉東上來就是左右拳點擊其面部，相當於雷雷拿著刺刀等著肉搏，結果始終挨炮擊。而且這次是徐曉東的第一次對戰，戰略上準備充足。

在後來與王知亮的比賽中，雷雷明顯加強了對王知亮中線和面部的攻擊，但攻擊力明顯不足，而自身對王知亮「大擺拳」的防護能力又不夠，矛不鋒利、盾不堅硬，體能又不如王知亮，那必輸無疑。

丁浩是第二位與徐曉東比武的選手，交手過程也比較長。拳怕少壯，丁浩的體能是幾位中比較好的，而且攻擊力也是最強的。雖然丁浩被徐曉東拉住頭部摔過幾次，但腿部功架還是有的，出拳的勁兒部分來自下盤。技戰術方面，丁浩可能習慣了傳

統武術的喂拳，缺少對頭部的保護，結果被徐曉東的砸拳擊倒。

從比賽開始的幾拳來看，丁浩功架很整齊，能夠把腰勁帶到胳膊上，在外人看來很有勁兒，但是丁浩不能把勁放出去。

如果用高爾夫開球做一個比喻的話，丁浩看起來很用力地把球打出 20 公尺，徐曉東卻很輕鬆地把球開出 200 公尺。如果丁浩增加現代搏擊的訓練，放鬆出拳，是可以提高出拳威力的，相信實戰能力會大幅提升。

田野號稱「鐵牛肘」和「裏合腿」，但比賽中他並沒有使用，有很多網友問他為什麼不用？「鐵牛肘」是貼身短打時用的招式，但徐曉東始終沒給他近身機會。

另外，從田野的拳法來看，他的勁兒不是腰勁兒帶出來的，更不是發於足底的。在他體能不足的情況下，徐曉東都亮出頭讓田野打，但田野只是用揉麵的勁兒打了徐曉東幾拳，根本沒有殺傷力。

從身形觀察，田野肩關節沒拉開，肩部有點聳，肘的活動範圍有限，又進一步限制了他的攻擊能力。田野的裏合腿起腿沒有轉胯，如果直接硬起

邊腿，徐曉東起膝格擋，那田野的小腿直接會斷。

如果想讓徐曉東無暇格擋，那必須在拳上能壓制徐曉東。但田野在拳上已經處於劣勢了，那自然沒辦法起腿了。

為了方便比較，我對他們的表現進行了評分。如果徐曉東是 10 分的滿分，那麼其他 3 人的得分應該是這樣的（如表 3）：

表 3　三人評分表

	膽略	體能	功底	攻擊力	平均
雷雷	2	5	4	3	3.5
丁浩	4	7	6	4	5.25
田野	3	6	3	2	3.5

有的讀者可能會問這三個武者怎麼才得這麼點兒分，我覺得我很客觀，他們確實與徐曉東有差距。說起來比較遺憾，我沒有從三位身上看到打顧相結合的技法、起落鑽翻的持續擊打能力、發自丹田以氣催力的發力方式，這些都是傳統武術特點的一部分。

可能有的讀者會認為這三個人在擂臺上打得實在太差了，還不如自己，我覺得這是站著說話不腰

疼。因為擂臺上帶護齒易使呼吸不暢,加上打空拳和被擊打損傷的氣息,整體體能消耗非常大,動作會嚴重變形。

不信的話,讀者可以做個實驗測試一下,如果你能持續跳繩 15 分鐘,之後還能很有力地擊打對方,那麼說明你的體能可以撐過第一局;如果不能,那麼請別譏笑三個武者的競技水準。

第 二十七 講

太極拳師與散打高手 誰更厲害

　　讀者肯定會問，如果太極拳師與散打高手對戰的話，誰更厲害呢？

　　如果比試推手，個人覺得散打高手一點兒勝率都沒有。如果是在狹小空間，比如在電梯間打鬥，此時對近距離發力要求比較高，太極高手會運用體內氣息，輾轉騰挪，使得散打高手的肘法和膝法都無法施展，所以太極拳師勝率高一些。

　　有人可能會說，太極都是長勁兒，狹小空間又傷不了人，說這話的人可能不太瞭解太極，太極對練也分推手、斷手、散手，對練的勁兒依次漸短、依次漸脆。假如對手在小空間內挨了太極拳師一肘，殺傷力真的極強，就像被氣釘釘了一下。

　　如果在開放空間，或者散打擂臺上，我覺得散

打高手勝率高一些，原因是散打高手也是由腰胯發力，但他需要發力距離，好比狙擊槍威力大，但他需要長槍筒。散打高手可以盡情地起腿，和太極高手保持優勢距離，好比狙擊槍和手槍對打。

　　有人可能會說太極高手的肚子一會兒柔軟無比、一會兒堅硬似鐵，好比練過鐵布衫，他們抗擊打能力應該強啊。我在網上看了好多視訊，練鐵布衫的高手在賽前讓拳手打肚子，他毫髮無傷，但一上場下巴中了一拳就倒地了。

　　總之，兩者沒有絕對的勝負之分，功夫高手也注重天時、地利、人和等因素。

第五部分

怎樣練好
傳統武術

我接觸武術是從八極拳開始的，八極拳習練過程需六練八要：一練拙力如瘋魔，二練軟綿封閉播，三練寸接寸拿寸吐露，四練自由架式懶龍臥，五練臟腑氣功到，六練筋骨皮肉合，七要尊師與重道，八要仁義與有德。

後來接觸形意拳，發現形意拳的書一般都是按照五行拳、十二形對戰的構架來寫，這些內容有些是回答不了武術愛好者的疑問的。

我用這一章簡要地回答傳統武術在習練過程中可能會遇到的問題，比如怎樣找個好師父，要不要追求速度，怎樣練整勁，以及站樁和習練單式有哪些注意事項等問題。

第 二十八 講
怎樣找個好師父

　　看書自學是練不出功夫的，如果想練出功夫，找個好師父是很有必要的，而且徒弟必須天天跟著師父，學習生活中的細節，如精氣神、呼吸節奏、行立坐臥等。另外與師父在一起，師父可以隨時糾正徒弟的錯誤姿勢。

　　我能認識我的師父是一種緣分。2012 年，我到包頭工作，剛剛適應了緊張的銀行生活後，我開始利用早上的時間到廣場繼續練習八極拳。在練習了一套毫無章法的小架之後，我心中一片迷茫。這時旁邊音樂聲起，有一群人在優美地舞著八段錦，他們意猶未盡，於是又開始舞起二十四式。我一回頭發現，在眾多習練者的旁邊，有個老人在走來走去，這個老人六七十歲，慢慢地打了幾下劈拳，他

顯得格外不合群，同時還有些孤獨和落寞。

我走上去問：「您好，您打的是形意拳嗎？」

老人反問：「你打的是什麼？」

我說：「八極小架。」

老人說：「好拳，好拳。」

我順杆爬問：「能跟您學形意拳嗎？」

老人先是一愣，然後說：「明天，明天。」

我心裏一樂，哈哈，張良拜師的情節嘛！

第二天一早，我直奔公園，來得比較早。

老人隨後也到了，滿意地笑笑說：「你先站椿吧，三體式。」

我想這個簡單，應了一聲就去站了。一連站三天，老人和我沒有交流，我一直認真地站著，指尖偶爾彈彈蚊子，一次最長站十分鐘，休息一分鐘之後繼續站，每天幾乎站一小時。

第四天，老人主動說：「三體式一共有四十多個要求，我只要求你能夠站正確。頭頂、膝蓋頂、手頂，三尖一線，全身放鬆。」

我如獲至寶，原來傳統功夫的站椿要求都差不多。所以，我十分聽話地站了半個月的椿，怕間斷影響效果，下雨天都打傘站半個小時。

半個月過去了，老人對我的態度及毅力比較滿

意，於是加了新的訓練項目：雙手交叉伸出，一出一回，下盤仍是形意拳的三體式。

他告訴我，這招是「二郎門」的看門打法，在一週時間內，如果1分鐘能打150下，他就繼續教下去；如果做不到，那就是緣分盡了。

我緊張得不得了，有空就練。在家對著貓伸手，上班打一會兒字，就搓一會兒手。同事們向我翻白眼，大夏天的還搓手！我每天不停地練，一週下來，肩膀酸，胳膊疼，也只能做到1分鐘打120下，根本達不到150下，怎麼辦呢？難道是臂力不行？我增加了俯地挺身，但效果仍然不理想。減少呼吸？我深吸一口氣，憋著氣做仍然達不到150下。心想完了，緣分盡了。

到了交卷的時候，我1分鐘打了120下，老人沒有做評價。

「以後每一次做伸手，都要和站樁一個標準，別憋氣，要放鬆。」老人接著說，「老輩都是師父找徒弟，緣分到了，不會不要，也不要說拜師不拜師，你以後每天早上來就行。」

我建議大家多向年紀大的師父請教，因為正值壯年的師父多把精力放在自己身上，沒有精力去教別人。我的師父自己也說，自己五六十歲時不願意

收徒，因為自己正在長功夫，沒有時間和精力去管學生。八十歲時，心理有了轉變，覺得一身功夫和經驗要及時地傳授別人。

師父經常拿郭雲深舉例子，當年王薌齋向郭雲深學拳，他們年齡差距比較大，因此學和教都拘束少，並且郭雲深教的都是精華。

我逐漸地能理解為什麼是師父找徒弟了，師父要觀察一個人的協調性和悟性，這兩個素質決定了徒弟的武學之路能走多遠。

蕭天石先生說：「自古來，性功易傳，命功難傳，雖遇名師，亦恒難一叩即得也。」我的師父常說，功夫不是物件，不是誰和我關係好，我就把功夫拿出來交給誰，功夫就像個道理，一直在那裏擺著，誰理解了，那就是誰的；不存在給與不給的問題。就像庖丁解牛，一把刀用了二十年不換，就是源於他掌握了規律，並順應了規律。

我的師父歲數大了，有時候不能系統地講述習練全過程，而是需要靠自己去練去悟。每每提出自己習練過程中存在的問題，師父都特別喜歡解答，一是說明我功夫進步了，二是說明我真正用心練了。

第 二十九 講
怎樣練出整勁

　　王薌齋《斷手述要》中說到:「大成拳斷手,最重勁力之均整及各項力之綜合運用,要做到無動不動,己身之動,無論微著,皆須是整體機械之動,一指之指動,百骸皆動,所發一指點微之力,亦是均整之力。周身之意皆到,力不論大小,動不論微著,皆不許破體發力,發力不破體,須使渾身無任何執著點,一有執著點,發力必破體,其力亦無由均整矣,且易為人所制。故發力無執,則體不破,體不破則力必均整矣。若能均整無執不破體,則對方挨著我之何處,我便以何處擊之,此即『周身光芒不斷』之真義也。」這就要求大家平時練功中間力不能斷,氣不能斷,眼神不能亂,動作均勻地走,這是很難做到的。

　　為什麼要訓練整勁呢？有了整勁才有殺傷力，在接觸對手的一瞬間，身體形成整體，能將勁道打入對方體內。這種整勁在八極拳、心意拳、形意拳等中國傳統拳法中都能找到類似的技術。

　　這種勁，要求頸、雙肩、雙肘、雙手腕、腰、股、雙膝、雙腳腕等處完成力量傳導，身體的姿勢像個拉滿的弓，在發勁的瞬間，全身14處同時發動，同時藉助地面強大的反作用力，勁往一處使，發出去。我記得在八極拳訓練中心時，一個同學的胸口讓老師輕輕頂了一掌，就是這個整勁，害得他口服了兩週的雲南白藥。我問同學被掌根打是什麼感覺，他說像一根鐵柱子撞在了胸口上。

　　老師說他用的是整勁，相當於同學撞在了一百多斤的鐵柱子上。

　　練習整勁應該自然放鬆，比如「一枝動，百枝搖」。其根本要求是鍛鍊人體的協調性。當拳練久了，會感覺自己走路像在地上爬一樣穩，抓地感十足。因為我換了城市，開始了新的工作和生活，我與師父相見會有一段時間間隔，所以每次我都會說一說自己練習的強度。我的師父後來說，你不用說我也能看出來。

　　這個慢慢找整勁的過程有點像《囚徒健身》中

練習牆壁俯地挺身的過程，要求雙腳併攏，雙手距離與肩同寬、高度與胸同高，身體繃成一條線，緩慢接近牆壁，直至額頭輕觸牆面，稍停頓，再緩慢推起。雖然練習牆壁俯地挺身時阻力強度非常小，但恰恰是因為阻力小，才可以讓人用力協調全身，慢慢地給全身增加阻力，而不是單單給胳膊增加阻力。

整勁是一個由慢到快的過程，這個過程需要遵循「六合九要」的規矩。

「一要論」論一貫，也就是武術所追求的「整勁」，《九要論》中描述為「從上至足底，內有臟腑筋骨，外有肌肉皮膚、五官百骸，相連而為一貫者也，破之而不開，撞之而不散」。

有一次我們籃球隊與一個強隊打比賽，雖然最後的比分差距很大，但攻守都按戰術執行，完成了完整的進攻，防守也不失位，只是輸在了個人對抗能力方面。這就是「破之而不開，撞之而不散」。還有一次，一位韓國人來八極拳訓練中心，想和掌門求一幅字，然後回韓國開武館，因為辦事的方式不太厚道，所以大家與他進行「貼山靠」練習時，都用真勁去撞他。他雖瘦小，被撞時只是平移，卻不見身形散亂，說明他確實有功夫在身。

「二要論」論呼吸，呼吸即陰陽也，「渾而言之統為氣，分而言之為陰陽」。呼吸是連絡人體內外的門戶，也存在陰陽轉化，雖然分為二氣，但練習時意、氣、力相合，渾然如一。

我的師父常說當你注意到自己的呼吸時，那就說明呼吸不對。就像長時間走路感覺膝蓋不對勁，後來貼了膏藥後，就沒了感覺，只要沒感覺，那就是對了。

「三要論」至「六要論」，論述了三節、四梢、五行、六合。三節須分明才能指導練習，原因在於「上節不明，無依無宗；中節不明，渾身是空；下節不明，自家吃跌」。四梢齊的根本目的仍在於完整一氣。「三節」講物理的動因，「四梢」「五行」講各種行動的歸類，「六合」講「百枝搖」的原則。

「七要論」論七進，何為七進？頭、胳膊、腰胯、雙腿，加在一起共為七進。頭為先導，頭領身進，以身帶步，以身催手，起如挑擔，動如槐蟲。現代搏擊選手動起來像前驅動的車，傳統武術選手動起來像後驅動的車。

「八要論」論身法，縱、橫、高、低、進、退、反、側八種。一切變化，都在身法。

　　《拳經》講：「手法打莊稼，身法打行家。」起為橫，落為順，這是心意拳練習之初所必須掌握的，身法、手法都要做到起橫落順、起鑽落翻。而步法與之相反，要做到起橫落順、起鑽落翻，從根本上講，就是身體要像活塞，有張有弛，勁道有蓄有發。進如縱虎，放其勢一往而不返，收如伏貓，領其氣而回轉伏勢。

　　「九要論」論步法，「步乃一身之根基，運動之樞紐也」。現在能理解為什麼練搏擊的人要跳繩了，跳繩是練習整體進退的步法，要求進退時身形和抱架不散亂。

第 三十 講
爲什麼力量要由內而外

對戰中，正確的打法是用「大關節」破對方重心，「小關節」控制力的方向和作用力的時間，時間越短，則動量越大，接觸面積越小，壓強越大。所以說力是由內而外的。

那麼，什麼是三節？「三節」指梢節、中節、根節。三節是個大概念，就上肢而言，手是梢節，肘是中節，肩是根節。練武術就是一個不斷找根節的過程。現代搏擊認為腰是根節，傳統武術認為丹田是根節。

明三節，其實就是讓大肌肉承受大力量，小肌肉承受小力量。

例如，當有些企業啟動全員行銷時，說明這個企業內部分工出現了問題，管理出現了問題。企業

不能讓每個人都去承擔比較重要的任務。

　　練武術也是一個分配受力的過程。有人研究傳統武術站樁訓練時不同肌肉負載的分配情況，發現有些人站樁時會將負重由肩部轉移至背部，而未進行站樁訓練的人將更多的負重讓肩部來承受。[①]

　　為了形象地說明脊柱的作用，我們將人體的脊柱比喻為汽車的傳動軸。汽車的設計者把發動機與驅動輪之間用傳動軸進行了連接，並且傳動軸兩端用萬向節連接，確保了在任何情況下，力都能夠正常傳送。所以說，脊柱是連接上下盤的關鍵，傳統武術最基本的要求就是上下盤相合。

　　有人認為腰是根節，還有人認為脊柱是根節，都有一定道理。我剛有寶寶，發現寶寶在我懷裏掙扎時，力量也是由內向外的，是用脊柱在挺。雖然小傢伙還不到 10 斤，但是想抱得很緊也是有難度的。有一回給貓打針，貓雖然體重很輕，但是發起飆來，一個成年人根本按不住。貓的力量也是由內而外發出來的，且靠脊柱發力。同樣，練武也是力

　　[①]孫世傑，閏松華，劉志成. 傳統武術站樁肩背部負載分配的力學效果評價 [J]. 醫用生物學，2011，2（1）:24-28.

發於脊柱。所以說，脊柱的練習格外重要。

　　我比較認可丹田是根節這個說法。比如公雞很小，但打鳴的聲音很大，是因為公雞用丹田發聲，爪抓地，收屁股，全身發勁。老虎吼也是靠丹田，不是靠嗓子。我在北京動物園獅虎山下聽過一次老虎吼叫的聲音，那聲音真的是會讓人心生恐懼。怪不得當年包頭的一個公園養了隻老虎，半夜吼了一聲，牆外路過的毛驢當時就嚇得大小便失禁，癱在地上了。

第 三十一 講

站樁要注意哪些事項

　　我最開始接觸的是八極拳的基本功——兩儀頂。兩儀頂要求一隻手 45 度頂肘，另一隻手橫向頂肘，兩腳內八字，臀部回收，意守丹田。手與腳在同一平面，肘與膝相合，肩與胯相合，頭向上頂，舌尖搭住上齶。

　　當時我想，有這麼多要求，看來是鍛鍊意志品質的時候了。練時我就忘記了要求，只是老老實實站樁，儘量少動，流汗時忍著癢癢不去擦。後來發現，不是這麼回事。

　　不站三年樁，不教形意拳；不轉三年掌，不教八卦掌。八卦三年打坐轉掌，形意三年三體五行，心意三年丹田內功，大成三年站樁試力，太極三年站樁去僵。

有人說用無極樁修正身法，用混元樁進行換勁，用三體式練勁。世間萬物，都不能脫離天地自然之道；我們做任何事情，都要依照事物的發展規律，從根本做起，從而達到舉一反三的目的。正如《道德經》所言：「少則得，多則惑。」

首先，站樁時寧可站高樁，不站低樁

站樁的歷程是：最開始站兩儀樁時，我從 3 分鐘逐漸增加到 20 分鐘，先是腿酸膝蓋疼，然後渾身疼，慢慢地有一種把自己都「站沒了」的錯覺。

後來我開始站三體式，三體式是單重，感覺比較難，一開始只能站 2 分鐘，後來能堅持站到 20 分鐘，但始終見不到有什麼長進，所以我開始站渾圓樁，站了 20 分鐘沒什麼感覺，於是自己嘗試蹲猴，開合樁。

現在又開始站三體式的高樁，只要一站，掌心就會有所感覺。

其次，站樁要注意氣息

勁力均整是站樁訓練的要領之一，故要求習練者站樁時身體動無有不動，即關節在神經的支配下，持續收縮和放鬆，使收肌張力值由零逐漸增強，直至承擔身體的全部重量。站樁訓練即重複此過程。需要強調的是，每次收縮、放鬆的節奏要與

腹式呼吸保持一致。[①]

說到站樁一定要說打嗝與放屁。如果身體緊張，氣就會逆，產生打嗝的現象，氣順了才會放屁，但是放屁多了會傷元氣。

有段時間，我放屁時也不提肛，導致氣虛得厲害，越蹲樁氣越虛。

再次，站樁要換勁

開始站樁時，胳膊和肩膀會不適應，胳膊會酸，肩膀會疼。大家要知道這是正常現象，是站樁功必經的一個階段。

一般來說，堅持天天站樁，十天左右這些症狀即可自動消失。這時再站，慢慢地會喜歡上站樁的感覺，身上微微出汗，就像蒸桑拿一樣，這樣說明站對了，說明體質已明顯增強了。接著站下去，就能夠進入「忘我」狀態。

我師父講，他年輕時手持螺紋鋼站樁時，已經到了感覺不到重量的程度。讀者練習站樁時可以拿一支可樂瓶，往可樂瓶中一點一點加水，但站樁時的勻稱感覺不能改變，不能讓自己感到有負擔。

另外，站樁要注意單重與雙重

郭雲深認為，「形意拳三體式兩足要並重，不可單重。單重者，非一足著地，一足懸起，前足可

虛可實，著重於後足耳。以後練各形各式，亦有雙重之式，雖然是雙重之式，亦不離單重之重心，以至極高、極俯、極矮、極仰之形式，亦總不離三體式之重心。故三體式為萬形之基礎也。

單重三體式者，得其中和之起點，動作靈活，形成一氣，無有間斷耳。雙重三體式者，形式沉重，力氣極大，唯是陰陽不分，乾坤不辨，奇偶不顯，剛柔不判，虛實不明，內開外合不清，進退起落動作不靈活。所以形意拳三體式，不得其單重之中和，先後天亦不交，剛多柔少，失卻中和，道理亦不明，變化亦不通，自被血氣所拘，拙勁所捆。此皆是被三體式雙重之所拘也。若得著單重三體式中和之道理，以後行之，無論單重雙重各形之式，無可無不可也。」

我的理解是站樁是動態平衡的。

站樁要在一定階段抖動

有人說站三體式不能單純地追求站的時間，那樣只會增加腿部負擔，對養氣而言是沒有任何益處的。那麼如何養氣呢？最基本的是要做到不能大口喘氣，心臟要平穩跳動，在這個基礎之上，充分地放鬆會使身體自然抖動起來，由局部逐漸擴展到周身。

抖動為練習三體式步入正軌的標誌，但這種抖動是非常舒服的，不是局部肌肉缺氧導致的抽搐。有人說抖腿會腎虛，我一直以為是謬論，後來我聽說，路上修路的工人都不願意使用氣泵鑽，因為長時間使用氣泵鑽會導致陽痿。

站樁的這種抖動或震顫，很少有人能說明白。李湘山寫的《中國形意拳三體式樁功》把震顫解釋得比較詳細：是為了把人體各處的關節抖開，達到筋骨鬆活、經脈順暢的效果。拳有『千金難買機靈顫』之說，由震顫，使身體內外高度協調統一，為下一步內勁的抖放打好基礎。三體式樁站好後，藉助大地的彈力，由雙腳帶動，由腿而腰，繼而到雙臂、雙手。依次抖動，節節貫穿。

全身猶如震顫的彈簧，整體如一，不能分散，幅度不要太大；雙腳不能離地，要感悟雙腳與大地的親和力。震顫要在三體勢樁功要領的基礎上進行，可能一秒一次，經由一段時間的鍛鍊，要達到一秒鐘三次以上。

站樁的抖動在一定程度上是拉筋。內家拳站樁有兩個目的：一是培養功力，二是抻拉「老牛筋」。

練大成拳盧氏結構樁法的人會覺得後腿腳筋受

力越來越大，就好像在和地面較勁一樣，時間一長腿就拼命顫抖，最後感覺腿筋受不了了，好像要把筋拉斷一樣，腿會劇烈抖動。

這樣練習後，發力時速度會很快，發力的時候身子一抖，力量就出來了。

傳統武術的勁就是充分利用全身主要肌肉群產生的彈性勢能發力，加強肌肉收縮的速度和力量，再透過多次練習，可產生巨大的爆發力。[②]

以上說的都是站樁的抽象要求，那麼下面咱們就說說身體各個部位的具體要求。

頭　部

人的精神勁全靠頭頂，頭不頂，全身皆廢，這個「頂」不是用腦袋硬頂，而是好比頭上懸著根線。有些人在熱身時，經常做頭部垂直或直角的拉伸和搖擺動作，這是非常不正確的。

讀者可能會問為什麼，你想想吃羊蠍子時，都是怎樣把羊脊柱各個關節掰開的？這樣掰對人的脊

①段景聯. 大成拳發力原理探析 [J]. 搏擊，2013，8（10）：33-35.

②周向前. 傳統武術勁的生理機制研究 [J]. 搏擊，2012，（4）9：35-38.

柱好嗎？建議大家用八段錦熱身，頭部熱身時應帶著弧度拉伸，絕對不能做橫平豎直的拉伸。一些服務行業或者模特，總讓人頭頂盤子走路，其實那是不對的，那不是練習頂，那是練習被壓。

「頭頂」應是由下而上用氣把頭頂起來，要有內容的頂，而不是硬頂。否則，會因緊張導致氣上了胸部，下不到丹田，那還不如不頂。同時，還要注意氣把頭頂起時，絕不能把氣都憋在頭部，那可就壞了，會出大問題。

在感覺嗓子不舒服的時候，做做頭頂的動作，氣就從喉嚨順下去了。

眼　睛

我師父說他練一早上拳，眼睛都不會眨一下，這不是誇張的說法。

我觀察過，他的眼睛真的不眨。師父主張眼睛要有內容，如習武時要把盯住的那棵樹作為假想敵，要保持神不外洩。很多書裏都講習武時要塑相，塑相的關鍵是練眼神。

大家可根據自己的性格來，不一定都練李書文的毒蛇猛獸樁。比如說，一個人的性格相對溫和，眼睛略帶笑意就好，覺得習武是很幸福的，習武的

關鍵是感覺舒服。我自己的一個經驗就是眼睛少往下看，也少往上翻，多平視比較好。

舌　頭

記得有個實驗說，「擼鐵」的人發現當舌抵上齶時，負重能力會增強。

我倒是沒有這方面的體會，只是覺得舌抵上齶時津液分泌得比較多。

肩　部

有一次打籃球比賽，與我對抗的是體育系練健美的同學。他一身肌肉，尤其是肩部肌肉高聳，在我看來應該力量很大，但總被我從手裏切球，我很納悶，難道我力量更大？

其實是因為他肩部不放鬆，力量傳導不到手上。所以，習武時要格外注意沉肩，也有人講是要鬆肩、空腋，這樣一來，好多人會有意識地把肩關節等拉開。

就我自己的經驗而言，沉肩不是個動作，而是個結果，站樁站久了，放鬆了，肩部自然就沉了，一旦有意識地沉肩，反而做不到沉肩。

肘　部

　　肘部屬於中節，中節主要起傳導作用，原則是盡量少地產生分力。肘關節是半包裹結構，當大臂和小臂在同一直線時，肘關節會在一定程度上脫離包裹，這時如果受力的話會損傷肘關節，但是當大臂小臂形成銳角時，在拳的打擊方向上會產生分力，導致打擊力度不夠，所以肘關節要似曲非曲、似直非直，保持在 150 度時，氣血比較通暢，否則直了僵，曲了憋。

手　腕

　　關於手腕，我在看孫祿堂《形意拳述真》中發現三體式的手腕有兩種方式，一種是立腕，一種是塌腕，兩種方式我都練過。

　　先練立腕，立腕為了撐筋骨，由立腕調精神，把一身的精氣神撐起來，就像做燈籠，首先要做好龍骨；然後練塌腕，當你足夠放鬆，體內的氣可以撐住身體時就不用挺筋骨了，好比孔明燈已經吹起來了，就不用骨架了。

掌　心

有段時間站樁時，我感覺掌心有氣在頂，掌心的肉堵住了手上的氣道，我感覺很欣喜，就請教師父。師父很高興，說氣能到手掌不錯，但是肯定腳沒有抓地，如果腳抓地的話，氣不會堵在手掌心，它會順利傳導到指肚。

胸和背

關於胸和背，從中醫角度講胸屬陰，背屬陽，但是我覺得從習武角度來講，應是背屬陰，胸屬陽。為什麼這麼說？因為有形的是陰，無形的才是陽，所以只要有了陰，陽就自然而然產生。通俗說，有些人刻意追求含胸。

我最開始練習的時候，也在想胸要含到什麼程度？要嘛挺胸，要嘛駝背，這個度不好掌握。後來練開合樁時，突然想通了，只要把背徹底放鬆了，那麼含胸就形成了，和畫國畫一個道理，一筆下去，只要畫好陰就行了，不畫的地方就是陽嘛。

所謂「虛心實腹」也是這個道理。總想把氣沉到肚子裏，越想越緊張，氣反而越往上走；當你不追求把氣沉下去時，即做到心無所求，氣自然就下

去了，腹部自然實了。

這就是陰陽的樂趣，不用既追求陰又追求陽，把有形的東西做好，無形的東西自然就來了。

腰　部

我有點腰椎間盤突出，有一次著涼很嚴重，臥床十天，不能翻身，大小便差點失禁，腸胃消化也出現了問題。自己躺在床上想：腰不好全身都廢了。事實就是這樣，腰確實是一身的主宰。老一輩人常講一身備五弓，脊柱是一張弓，這張弓連著其他四張弓。

上肢是兩張弓，下肢也是兩張弓，腰一動帶著其他四張弓都動；腰要是出了問題，四張弓也都受影響。腰不放鬆，氣不好通。

胯　部

還有一對陰陽關係就是圓襠和合胯。把胯打開，多做開合樁，慢慢地做。

胯雖然與肩相合，但是它先天的靈活度不如肩背，可開發的程度有限，練習的過程要很小心，要兼顧它的承受力，也要把氣跟上。

膝　部

　　站兩儀樁時要求膝蓋不超過足尖。如果腿沒勁，蹲著蹲著膝蓋就超過足尖了，時間長了膝蓋就特別不舒服。剛開始練三體式時，如果追求站低樁，會使膝蓋擰勁，練久了也會傷了膝蓋。

　　站混元樁也是這樣，第一個階段如果只追求增加強度會毀了膝蓋。一定要把氣順過去，徹底將勁放到地面上再增加強度。

腳　部

　　腳的基本原則是抓牢地，這個抓牢不是用勁繃緊，而是放鬆地接觸地面，感覺像履帶一樣與地面充分接觸。有人說站樁要空腳心，我覺得要辯證地理解，不是要把足弓繃緊，空出腳心，如果是這樣人就站不穩了。

　　空腳心和空手心是一個道理，要自然，讓勞宮穴和湧泉穴充分感受氣流，這樣的抓地方式才是正確的。

第 三十二 講
怎樣練好單式

　　練習八極拳時我認真分解小架一路的每個姿勢，總覺得每一個動作都能夠增加經驗值。我想的是既然不敢打實戰，那就認認真真學技術，練功力。撐錘是八極拳特有的單式，上步向前，手同腳向前出擊，前手出，後手拉，一氣合成，配合「哼哈」的聲音，加上震腳，會顯得特別有力。

　　我每次練撐錘時都特別享受，感覺自己力量猛增，功力大長。練了兩年八極拳，我總喜歡給別人表演小架一路，每次觀眾都說威力十足，但我自己心裏沒底，也不知道自己這樣發力對不對。平時也是拼命地習練，因為有人說四兩撥千斤，千斤力在後。後來有些體會了才認識到，練單式是要加力量訓練的，但這個力量訓練，不是練肌肉，而是重新

構架身體，主要是活動筋骨。可以先追求整勁、剛勁，再化柔。

如果快速地練單式，其實是偷懶。單式是行走的樁功。練單式時，一定要動作到位，每個動作都要帶著目的，沒有規矩的練就是瞎折騰。

練習單式時，還有一些不可忽視的小動作：比如用手打自己的衣服，可增加阻力和對稱勁；比如練習五行拳時，前手和後手都要有旋轉，可增加一層勁道。

就五行拳而言，為什麼先練習劈拳？因為各種運動最初活動都是為了恢復心肺功能，讓心率和攝氧量跟上運動。剛開始習練劈拳時，會經歷流鼻涕階段。自己也覺得奇怪，沒有感冒為什麼老流鼻涕。拳友常說，流鼻涕說明劈拳打對了，流鼻涕是代謝變快的表現。

練劈拳也要遵循「六合九要」，其中很重要的一點就是三頂和三挺。依靠三頂與三挺抻筋拔骨，使身上的筋變得更加結實，身體結構變得更加穩固，同時全身關節得到了放鬆。所謂寸勁就來自於骨架之間的彈力。

在身體結構重建完成後，就要在身體裏面通氣了：充分地放鬆，但是不徹底鬆懈，要把站樁時的

氣感保持住，讓氣跟上動作，讓每個動作都充滿內容。先不追求把氣能打出去，而是先追求劈拳時氣貫全身，判斷的標準就是嘴裏有津液，指肚充盈。

再下一步就是磨脛。形意拳和八極拳的步伐差不多，都是「旱地行船」，好多學過形意拳的人都要練磨脛。

最開始我覺得是為了找對稱勁才練習磨脛，打久了，才認識到沒那麼簡單。我收集了相關材料，都說經由擠壓摩擦睪丸可生精強身。

有人讀了《中庸》才懂得《三字經》的道理，又重新學習《三字經》。練武也一樣，雖然已經開始學套路，並記住了套路，但此時才理解一些站樁的感受，又重新開始老老實實練站樁。離開了樁功基礎，就如無本之木。

現在我詳細地把學習五行拳的體會跟讀者聊聊。

劈　拳

練習單式時讀者要重點關注單式的力線和意識。我的劈拳屬於高樁，頭要上頂，前手向下斜劈，後手向下斜按，合胯加脊柱旋轉，後腳跟擰動。（如圖 24 所示）

圖24　劈拳

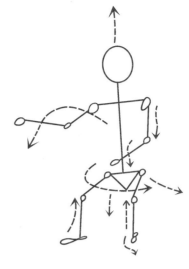

圖25　手繪劈拳力線

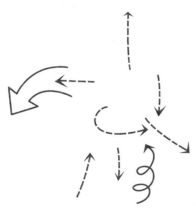

圖26　手繪簡化劈拳力線

　　我畫了一些主要的力線，忽略了一些細小的力線，因為人體的各個關節動起來形成的是弧線。保持身體平衡的同時，產生一種斜著向下翻轉的劈勁，這個劈勁是幾方面的合力，可描述為「劈拳如推山」「落如鋼鉤」「落如霹靂擊地」，整體是一種下劈勁。(如圖25、圖26所示)

為了形象說明整個身體打劈拳的感覺，我手繪了一把斧子，上身及前手好比斧頭，向前旋轉下劈；後手及下盤好比斧柄，向後旋轉拉。（如圖 27 所示）

圖27　劈拳力線形象表達

幹過農活兒的讀者可能有體會，斧子向下劈時，不是在斧頭的頭部施力，而是依靠腰把斧子的手柄向後稍稍一帶，斧頭就能特別脆地把勁劈到木頭裏。

鑽　拳

我練習的第二個單式是鑽拳。（如圖 28 所示）

鑽拳下盤的發力方式和劈拳類似，足跟擰、合胯、轉脊柱，後手向下按，不同的是前手先向內轉再向外轉，走的是旋轉的弧線。

鑽拳最終形成的合力

圖28　鑽拳

是由下向上的。（如圖 29、圖 30 所示）都說命裏在腰間，習練鑽拳時動腰的幅度要大於劈拳。

我總覺得鑽拳用的勁是 75% 相反的劈拳的勁。

有人可能會問，為什麼是 75%，而不是 100%？就和五行相生相剋，而這五行不是百分之百的相生相剋一樣，如果百分之百的話，那麼就只有陰陽了，哪還有什麼五行。

老一輩人都說鑽拳似電，屬水。我覺得打鑽拳時，全身動起來有點像蛇發起攻擊時向前的感覺，蛇身和蛇尾向後抖，蛇頭向前伸出，全身都擰裹。（如圖 31 所示）

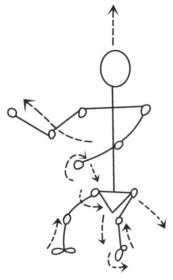

圖 29　鑽拳力線手繪

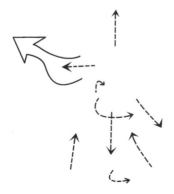

圖 30　劈拳力線手繪簡化

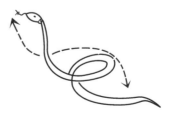

圖 31　鑽拳力線形象表達

崩　拳

老一輩人都說，學會劈崩兩拳，五行拳或者形意拳就都學會了，崩拳和劈拳的發力方式差別比較大。

崩拳前手旋轉的小動作尤為重要，也是所謂的原動力，只有前手一擰，傳導到腰間，後手才會打出去。

打崩拳時，向前邁步很關鍵，擰前手、邁步、磨脛，一氣呵成，整體的力和氣合一，向前擊出（如圖 32 至圖 34 所示）。

圖 32　崩拳

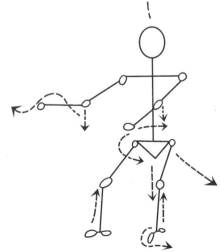

圖 33　崩拳力線手繪

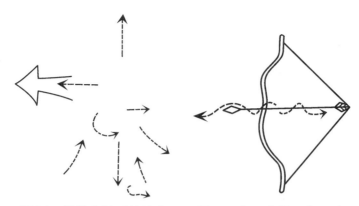

圖34　崩拳力線手繪簡化　　圖35　崩拳力線形象表達

　　這個向前的擊打不是單純的向前，而是帶著子彈膛線的旋轉，整個身體就像一張弓，前拳就像射出去的箭，而拉弓的動作就是擰手的動作。（如圖35 所示）

炮　拳

　　炮拳分兩個動作，有下砸收斂的動作，還有上擊炸開的動作。我展示的主要是上擊炸開的動作。（如圖 36 所示）後手有立肘和炸肘兩種動作，主要看對方的來拳方向。

　　炮拳的爆炸導火索是格擋手的一擰，整個胯下沉，加上脊柱旋轉，以及利用腳蹬地的反作用力。前拳好比坐地炮，後坐力有多強，向前發射的力量就有多大。所謂後浪推前浪，有一層意思就是將對

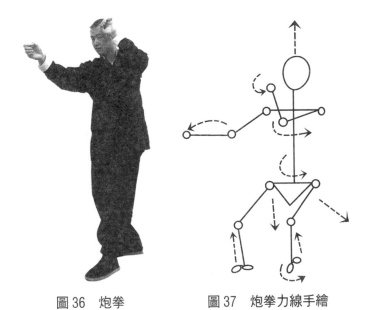

圖 36　炮拳　　　　　圖 37　炮拳力線手繪

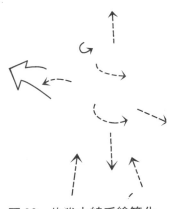

圖 38　炮拳力線手繪簡化

方打來的力量化為自己的力量。（如圖 37、圖 38
所示）

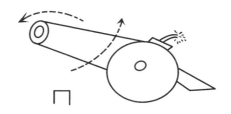

圖 39　炮拳力線形象表達

　　炮拳有炸物之意，整個人就像火炮，有人覺得是炸藥爆炸的感覺，有人覺得是心火上竄的感覺，瞬間火燒身。我自己練的這個階段還是坐地炮的感覺。（如圖 39 所示）

橫　拳

　　橫拳可能是大家疑惑最多的一種拳，這個勁如果只是手法的變化，那麼就像動作軌跡在腰間的鑽拳。（如圖 40 所示）

　　橫拳發勁的方法也特別像鑽拳。還有人說「橫不見橫」，後手要藏著出手，沿著前拳的肘下出拳。還有人說這個「橫不見橫」是每一拳裏都有的橫勁。

　　橫拳的步伐與炮拳有點相似，走 45 度角，所以橫拳不是直擊對方，而是斜擊對方（如圖 41、圖 42 所示）。

圖 40　橫拳

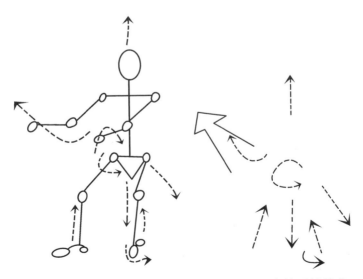

圖 41　橫拳力線手繪　　圖 42　橫拳力線手繪簡化

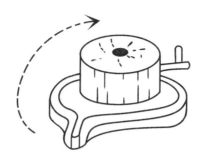

圖43　橫拳力線形象表達

　　那讀者就問了，打法裏都說「正打斜，順打不順」啊，這與橫拳打人的方式豈不是矛盾了？那要看你怎樣練，練時有點斜，用時前手以斜破正，後手打上去還是要以正打斜。

　　橫拳的精髓是前手的一撥，這個撥的勁帶動腰的旋轉（實際是用腰在撥對方）顧住對方。這個橫勁有點像拉磨（如圖43所示），以脊柱為圓心進行旋轉，力線的方向一直在變化，前手破了對方，才能出後手。

　　單式這部分，我說得有點籠統，沒有講解動作要領，因為市面的書上把動作要領都講了，而且都有詳細的照片和視訊，我就不重複講了。這個部分我主要說力線和象形，讀者具備一定的五行拳基礎後方可細細體會。

第 三十三 講
套路重要嗎

　　我在教小孩子習武時，他總問我什麼時候能教他一套拳。可能是受電影和電視的影響，他總覺得學習套路才是真正的習武。我師父怕我覺得站樁和練單式枯燥，也總問我學不學套路。我說我不急著學套路，師父也比較認可我的觀點。

　　師父年輕時問過萬籟聲：「萬老您會多少套拳？」萬籟聲有時回答一萬套拳，有時回答一套拳都不會。萬老說的是實話，因為傳統武術套路源自陰陽變化，陰陽就是二進位，二的無數次方，數之可千，推之可萬，所有套路只是個虛數而已。

　　以前在八極拳武館中遇到一個練規定套路的同學，據說習練規定套路已小有成績，但是由於實戰受挫，因此改練八極拳。

　　讀者需要對武術套路有正確的認識，武術套路

就是一連串含有攻防的動作組合，以技擊動作為素材，以攻守進退、動靜疾徐、剛柔虛實等規律編成的整套練習形式，又被稱之為「套路運動」。很多人往往癡迷於練習套路，據說有人以3000元價位賣一套太極拳54式，讓人感到無語。

套路是中國武術中的一種獨特形式，但武術的核心並不是套路，將功夫放在套路上，對於真正習武的人來說是一種低效率的練功方法。

許多傳統內家拳愛好者其實不是在練功，而是在舞拳。聊起太極拳，他們會告訴你，他們會24式、56式、108式，也會陳氏、楊氏、武氏、吳氏、孫氏。有的人練了很長時間，在比賽中拿過金牌，甚至擁有國家頒發的高級別段位，但如果向他討教什麼是內勁，卻得不到準確的答案。對於這樣的愛好者，王薌齋說得很到位：「往往幾十年純功，而終為門外漢。」[1]

王薌齋《斷手述要》中說：「昔日我師郭雲深先生，一世之中曾以鑽、裹、踐三拳立於不敗之地。暮年他曾總結經驗，說道：『力不歸一，形無

---

[1] 史永雋．傳統內家拳養生與誤區 [J]．中國道教，2013（6）：24-27.

所居，意無所趨，神不瀟逸。故此，任你千招萬術，我有一定之規。」此真千古絕唱也，鑽、裹、踐三拳，做成一個動作，即三種力之歸一也。我青年時，曾隨郭雲深先生習練形意拳，每日晨，郭先生只站混元椿，將鑽、裹、踐三拳操練數十下，下上如氣錘，觀之大有震地欲鳴之感，功力實臻化境也。有見於此，故大成拳所運用力雖多，接發力之法雖不一，但最後必須綜合而歸於一，定於一，純於一，精於一，人之本能活力方能召之即來，來之能應，應則必驗。平日操之純一，遇敵時則能得心應手，手到人翻矣。」拳術之高明在於精簡，中國古代之拳術，皆是形簡而意繁，當初形意拳只有鑽、裹、踐三拳，八卦掌也只有單雙換掌。

《拳經》認為，拳無拳意無意，無意之中是真意。練拳最後無形無意，何來照本宣科走套路一說。但事情也要辯證地看，我師父有一回問我會什麼套路，我說會八極拳小架一路，他說你打一遍我看看。我心裏很忐忑，硬著頭皮打完一遍。師父說以後也可以繼續練這個套路，不過要把鬆沉、整體的感覺融入這套拳。在功夫沒上身時，套路和椿功是規矩，規矩上身後，要既放鬆也不離章法，所謂的套路不過是單式的組合。

第 三十四 講
一定要用整塊的
時間習武嗎

　　有人會說，現在大家都這麼忙，哪有整塊的時間習武啊。我也有此困惑，習武期間見過很多次師父，我每次都很慚愧，他總問我最近是不是有什麼事耽誤了習武。

　　其實能不能有時間習武，首先，要看把習武的重要性放在第幾位，如果把習武當成吃早點，那麼誰會不給習武騰出時間呢？

　　其次，如果沒有整塊時間習武，我們可以在日常行立坐臥過程中練習。記得上大學時，我曾經在新絲路模特培訓班待過，那時我有腳拖著地走路的壞習慣，有個模特老師就常常陪我走路，我不但把走路姿勢改了，而且把回頭看人的動作都改了。所以生活習慣的改變，不是依靠整塊時間，而是利用

各種碎片時間。那麼習武也是這麼個道理。不是說習武是習武，生活是生活。

就具體的動作而言，當坐著且兩個腳交叉在一起時，我們的心裏是糾結的。當手交叉在胸前時，我們會無法敞開心扉。所以平時處於坐姿時，腳要微開步，小腿垂直向下，腳心有入地的感覺，不可以將所有重量都作用於腰部。

有一次見我的師父坐姿成樁，除了屁股黏凳之外，其他姿態和站樁的需求都一致。

注意平時走路時，腳掌要抓地，抓地的力度和手含勁的力度要一致，有點像練習八卦掌的感覺，但切記不能腳趾用力抓地，而是身體要像個大吸盤，腳落地生根。

我記得練功比較勤快的時候，會感覺自己的身體離地面越來越近，甚至感覺自己就像爬行動物。很多老人氣血不足行動不便時，兩腳就像是踩高蹺，絲毫沒有抓地的感覺。

平時人們上班時要注意儀表，與人交談時頭部要正對對方，身體儘量保持在45度，腳尖指向對方，雙腳要嘛單重，要嘛雙重。我的師父習武這麼多年，生活中從不見有萎靡散亂的不良姿勢，坐有坐樣，站有站樣。

　　前段時間見了一個學拳的老朋友，十年重逢，我們都很激動，喝了不少酒，我還比劃了幾下，但是席間這個朋友眼神一直不離開我的手腳，這個戒備並不是針對我的人品，而是長期習武的習慣。

第 三十五 講
要學會記錄和總結習武體會嗎

　　習武十幾年，我的功夫長進不大，結合近年的生活體會，我得出一些感悟。

　　下面我展示幾張利用各種時間習武的照片，同時講講當時習武的狀態和心得體會。

　　2007 年我在北京師範大學第一次接觸八極拳。那時我正在備戰考研，由於受到大學群架的刺激，加上高強度學習，我的身體每況愈下，所以當時很想學武術。在學校溜達時，發現一個老大爺在教八極拳，動作很帥，威力很大。考研被錄取後，我就利用開學之前的時間，從網上查到八極拳的訓練中心，和哥哥去學習了一個月，受益匪淺，為我們習武之路開了個好頭。

　　這個階段我比較癡迷練習套路，總追求套路的

一氣呵成。為了把套路打好，我將小架一路的每個單式進行了分解，期望能夠打出對稱勁。

2008 年至 2009 年，我一直堅持練習撐拳和小架一路，同時站一站兩儀樁。因為沒有人指點，所以練得稀裏糊塗，但每天仍在堅持。

2009 年，認識拳友初識形意拳。拳友是尚式形意拳第五代傳人，由於是家傳的形意拳，我覺得新奇就跟著學，學了三體式和劈拳，當時覺得形意拳好難，加上學拳容易改拳難，結果八極拳和形意拳都沒學好。

我每天抽出時間，先站兩儀樁，之後打撐拳和小架一路，走到樹邊練練三靠臂，心有不甘又打打劈拳，最後站一會兒三體式。總體而言，每天心浮氣躁，練完拳就像完成了一項艱難的任務，身體狀態反而越來越差了。

2010 年至 2012 年我繼續練習劈拳。在一次機緣巧合下，我遇見一位太極拳老師，因為缺少功法和技擊內容，我就放棄了學習。之後遇見另一位太極拳老師，從身形看他就是高手，走路像個柔軟的大猩猩，早年練過通背拳，和我見過兩次面，他不說姓名，也不約時間，我跟他學了兩次太極拳，起式動作他就教了兩個小時，我覺得受益匪淺。但因

我工作調動，就斷了聯繫，一直頗為遺憾。

2012 年至今，跟隨我師父系統學習形意拳，對傳統武術的認識更加客觀和真實，感覺大道至簡。師父為了提起我的學習興趣，一開始就教了打法，提高了我出手的速度，但是我持續練習打法到了一定階段，就沒辦法再提高速度和力度了。之後就站三體式，三體式站不住時就打一下劈拳。師父怕我枯燥就加了五行拳，但師父自言自語說，教得太快了，對我不好。

2012 年，剛跟師父練習劈拳時，我的姿勢相對僵硬，手硬硬地向外撐，身上繃得很緊，動起來像個機器人，但還總想找整勁。可是越想找勁，偏偏就越找不到，一找不到，自己就更著急，一著急身上就更緊了，並且還會氣短。（如圖 44 所示）

之後，我繼續練習劈拳，工作之餘就

圖 44　2012 年在宿舍
練習劈拳

圖45　工作之餘練習劈拳

圖46　2012年在家練拳照片

站起來練幾下，同事都已經見怪不怪了，那段時間練拳宛如跳霹靂舞。看照片可以發現，我的肘向外炸，沒有做到肘不離肋，身上一點都不放鬆。（如圖45所示）

2012年，我在家裏練拳。（如圖46所示）

早上剛見完師父，師父鼓勵我說，按我當時的訓練強度，一兩年功夫就會上身。我很興奮，回家繼續練習，當時穿了防雨綢類的衣服和肥大的褲子，正在找劈拳的整體勁，相比

圖47 2013 年練拳照片

之前，勁道已經比較整了。

2013 年，當時博士開學，加上去新單位兩地生活，基本沒時間習武，導致身上練的東西都沒了，腿上沒勁，肩膀有點聳，氣虛得厲害。打起來渾身像散架一樣，一點鬆沉的感覺都沒了。

之後，我練拳的狀態逐漸恢復一些，但不怎麼站樁，總想找回來劈拳的整勁，但越著急越不出功夫。當時身體狀態也比較差，從精神狀態上看心氣不足。（如圖 47 所示）

2014 年，我還奔波於兩地，見師父的機會越

來越少，師父怕我不能堅持，為了提起我的興趣，就教了我五行連環。我每天練練五行連環，也不怎麼站樁，感覺功夫在退步，也沒有了 2012 年那種身上沉甸甸的感覺。

2015 年，功夫基本處於半放棄的狀態，師父特別惋惜，重點教我五行連環的套路，遠離了只教功法和打法的初衷，我也很迷茫，整整一年沒有怎麼練。

2016 年，因為苦苦沒有長功的感覺，我開始增加了力量訓練，竟然開始做俯地挺身，加強核心力量訓練，離傳統武術越來越遠。

2017 年，我在一家武館學習巴西柔術和泰拳，由實戰發現自己有一定的傳統武術的底子，但同時意識到基礎並不紮實。重新開始站三體式，這時師父說我身上的勁又回來了，我又重新振奮精神，站三體式，有時夾雜渾圓樁。

同時，受雷雷事件的刺激，我找了個健身工作室，學習拳擊。健身工作室的拳擊訓練對節奏的訓練有幫助，但是對於實戰的應用教得較少。

所以，我在一家拳館系統學習泰拳和綜合格鬥，主要想學習實戰，課餘時間練習打沙袋。最開始打沙袋時硬用勁，手腕和胳膊肘都有些不舒服，

圖48　打沙袋時的照片

而且當時的助教要求用力打，現在回想有些欠妥。
（如圖 48 所示）

　　2017 年底，我買了 30 斤的拳擊袋在家練習，
基本不發力打，只是練習短距離發力，手腕、手
指、手肘都不會疼痛，反而打擊力增長得很快，現
在基本可以一拳把沙袋打倒。

　　我與泰國教練學打靶，教練還是比較專業的，
他要求打靶的準度，糾正出拳和出腿動作，開始並
不要求力度，而是逐漸增加力度。（如圖 49 所示）

　　學習巴西柔術的實戰時，當時大家都很業餘，
一交手就很激動，雙方使出全力，被壓在下面的就

圖 49　與泰國教練學習

是我，結果我贏了，但是現在看來，上面的選手已
經是優勢位了。（如圖 50 所示）

圖 50　學習巴西柔術的照片

學習泰拳實戰時，當時大家都在拼拳，腿上綁了護具，所以腿的殺傷力有限。如果不綁護具，那麼我們都非常容易被擊倒，因為大家防守的抱架非常不穩固，而且漏洞很多。（如圖51所示）

2018年，我意識到練三體式必須站高樁，以順氣和貫氣為目標，我有了喜歡站的感覺，不再把習武當成家庭作業。同時意識到自己腰胯沒鬆。自己有時模仿蹲毛猴，用渾圓樁拉拉腰胯。

2019年，我意識到自己站三體式都太快了，恢復到主要站渾圓樁，氣亂了就站無極樁，理順了氣再站渾圓樁。不再站三體式了，覺得自己還沒到站三體式的階段。

圖51　學習泰拳實戰時的照片

第 三十六 講

爲什麼要靜心

　　《孫子兵法》裏講：「故其疾如風，其徐如林，侵掠如火，不動如山，難知如陰，動如雷震。」這個「不動如山」講的就是靜。「外不著相為禪，內心不亂為定」。內心不亂，我們有時也叫「不動心」，是禪宗的根本。內心不會糾纏於外在任何東西，而外在的任何東西也影響不了內心。

　　以前看過一個連續劇《奮鬥》，男主角他爸爸教他開車，說開車最重要的是懂得剎車。這讓我回想起《大學》中的一句話：「知止而後定，定而後能靜，靜而後能安。」王陽明也一再強調「靜」的重要性，要認識到自己的本心，從心從欲的靜。

　　我常跟師父訴苦說，我現在的生活總像是開五擋的車，很難再開一擋，就是慢不下來，也靜不

來。電影《啟功》裏講啟功的徒弟為什麼寫不好行書，主要原因是心不靜。古人總說「修身、齊家、平天下」，修身的方式就是習武、讀書等。怎樣算是修成，我覺得心能靜下來肯定是個重要指標。

那麼怎樣才能靜下來？

一是行大道，走正路

練武和做人做事一個道理，行大道，走正路，就浩然正氣。心正才能無所畏懼。

二是放鬆

放鬆要做到三件事：第一是調身，即有意識地引導身體的各器官放鬆，就像做瑜伽結束動作一樣，有了正確的身體姿勢才能放鬆。第二是調神，把一天的事情理一理，讓心歸位，平復一下心情。第三是調息，呼吸均勻了，身體才能夠放鬆，心才能夠靜下來。

三是捨得

都說習武最後都要修禪，就如李小龍所說的水中的哲學。李小龍認為，練功夫的人就像裝滿水的大杯，再要接收新的東西，必須把水清空。

練拳和修禪是一個道理，練太極推手時，首先要捨得自己，放棄自己，不能有雜念，這樣才能充分品出對方的勁。

第 三十七 講
怎樣打通任督二脈

　　我小時候看武俠電影總聽「打通任督二脈」，覺得很酷炫，也很神秘，但現在接觸了傳統武術後，認為與其說「打通」不如說「搭通」更合適。為什麼呢？我從兩方面解釋。

　　一是，怎樣搭通任督二脈

　　任脈以人體腹部的曲骨穴為起點，從身體正面沿著正中央往上到唇下承漿穴；督脈則是由曲骨穴向後沿著人體後背往上走，到達頭頂再往前穿過兩眼之間，到達口腔上齶的齦交穴。

　　任脈主血，督脈主氣。任脈和督脈有兩個埠，通俗地講上面是口，下面是肛門，為了保證這兩個埠不斷，就需要嘴裏「搭鵲橋」。

　　其實就是說閉嘴加舌頂上齶，牙齒微微咬著後

牙槽。有人問為什麼要這樣做，你自己可以體會一下，這樣做不漏氣，無論是你便秘或者舉重時都需要配合這個動作。為什麼說是「搭通」任督二脈呢？頂上齶和提肛門都是微微用勁的，不是打通，更像是搭上去的。

二是，搭通任督二脈後的感覺

習武這麼多年，突然感覺習武主要是練督脈。從發力角度來講，如果任督二脈氣行滾滾，那麼就感覺自己像多了個發動機，力量變大了；從抗擊打角度而言，身體上感覺有層氣膜或保護罩，不太怕挨打；從精氣神而言，你會感覺能量比以前足，精力比以前旺盛。

總之，「搭通」任督二脈並不神秘，也是有科學道理的，只是習練時細節比較多，自己別瞎練，找師父指導一步一步練。

第 三十八 講

爲什麼要追求力線

　　我理解的力線是發力方向連接在一起形成的軌
跡，是一個向量的概念，力線的理論要分三方面
講。

　　**一、是自身的力線，要保證自己體內發力，多
角度力源最終形成的合力在一條直線上**

　　人體所有骨骼、關節、肌肉的發力軌跡不完全
是直線的，所以自身發力最順暢的線路不是直線
的，即使表現出是直線的軌跡，也是多個方向的
合力產生了直線的效果。為了形成直線，椿功要
求「三尖相照」（手尖、足尖、鼻尖在一個平面
內），這是技擊姿勢，保證身體處於攻擊與防守結
合的優勢位。

　　NBA 球星庫里投籃的一個秘訣也是三尖相

照，手指、腳尖、鼻尖長時間指向籃筐，隨時出手。三尖相照有利於快速發動進攻。

有一天早上我買早餐回家，有一個人遛狗沒拴繩，那狗為中型犬，朝我飛奔過來，後面主人也喊不住。它離我快一步時跳起來撲我臉，我側身躲過，躲的同時下意識掰步，腳尖向狗。當狗再次回身咬我時，我後腳已出，直接把狗踢得待在原地不動。

二是保護自己的中線

看了紀錄片《功夫傳奇》中講形意拳那集後，我發現國內傳統武術習練者多相互餵拳，而且在對戰過程中步伐比較弱，中線護得也不好。

香港的詠春選手與國內形意拳拳師對戰時，習練形意拳的拳師雖然一身橫勁，但缺少對中線的保護，所以屢次被詠春選手搶到中線。縱有一身功夫底子，硬是近不了香港拳手的身，反而自己的面門總暴露出來。如果是真打，估計早被擊倒了。

《孫子兵法》說「迂其途，而誘之以利，後人發，先人至」，講的就是要透過步伐調整，以正打斜，讓自己的勁順，讓對手的勁不順。如果把對戰的兩個人都比喻成坦克，你懂力線，你的坦克炮筒會始終對著對手，會隨時發炮傷到對手；而對手不

懂力線，炮筒會朝著其他方向，炮始終傷不到你。在力線順的情況下，坦克根據攻擊距離可選擇攻擊性武器，遠的用火炮，近的用機槍。

打拳也一樣，遠距離用腳、手，近距離用肘、膝，再近時用肩膀、胯，更近時用頭、臀部。但每個人可能有不同的絕活，有人近距離可以用腿，比如包頭廟裏的「賽活猴」腳法好，能從懷裏向外出腳，近距離也可以用腿法，因人而異。

三是破對方力線

與對方擊打時，如果你從正面擊打，則雙方皆受雙倍打擊力；如果你從 90 度垂直擊打對方，則對方受全力，你不受反作用力，但做到這點不太現實。所以，於 45 度角破對方之力比較可行，能防守，同時不影響發力。這就是神奇的 45 度。在自己承受力量最小的情況下，能給對方最大的傷害。三體式非常完美地利用了這個原理。

現代搏擊也是利用 45 度角，但後腳與前腳不在一條線上。大家想想用手轉車軲轆，最省力的時候是不是推車軲轆的切線方向？

明白了力線，讀者就能夠理解「手是兩扇門，全靠腳打人」了，需要用步法調整力線。

步子移動時，兩腳不能同時離開地面，不能走

步式前進。要保持出擊的基本姿勢，不能有所改變。步幅不能過大，過大會影響第二步起動速度。

　　身體重心保持在兩腳中間，前後兩腳不能站在一條直線上，否則重心不易穩定，重心勿越出支撐面。動作不宜太快，等到能保證身體平移時，再逐漸加快。①

　　我只會最基本的踐步、過步和繞步，不過這三種步法已經夠用了，複雜步法加之掰步，巧妙運用腳掌和腳心轉移重心，就形成了不同的步法組合。

---

①林茂春．體育知識百科全書 [M]. 延邊：延邊人民出版社，2010.

第 三十九 講
習武過程中有什麼禁忌

　　黃百家《內家拳法》所記王征南口述的內家拳「十四禁忌」，即懶散、遲緩、歪斜、寒肩、老步、腆胸、直立、軟腿、脫肘、戳拳、扭臀、曲腰、開門捉影、雙手齊出。

　　在這裏，我談談自己的體會。

懶　散

　　意識分散，雜念叢生，精神萎靡不振，垂頭喪氣，心馳外物，行拳心猿意馬之謂也。拳友說他當年練拳，先要拜劍，增加儀式感。在站樁過程中，他師父會突然踢他腿，如果跌倒，要重新站一炷香時間。所以整個練拳過程中，他的勁從不鬆懈。站樁和練拳時，要求眼睛凝神，就像貓發現老鼠，鷹在空中看到獵物那種專注的感覺。

遲　緩

智慧不敏，感覺不靈，反應遲鈍。內家拳家總是不厭其煩地告誡學生力戒遲緩，要求習練者通體無滯，不要讓絲毫重滯、阻塞、間斷參與式間。

在練習單式的過程中，我經常為了找勁，自己製造一些阻力，其實這就走入了歧途。如果勁斷了，氣停滯了，相當於沒練。更怕的是，如果動作遲緩加上努氣，會引發疾病。

歪　斜

人們常說的一句話就是「低頭貓腰，其藝不高」，從力的傳導角度講，人低頭貓腰或左斜右歪，軸心就歪了，產生了分力，造成力的損耗。同時，反作用力會在歪曲的地方產生病變。

很多人練八極拳震腳，最後脖子都疼，就是因為脖子是歪的。這種歪斜會影響氣息的運動，不通則痛，哪裏不順哪裏就可能有病變。

我師父早年練過京劇，他就說，沒有頭正和頂項，整個人是沒有精神的，沒有精神何來美感。

寒　肩

肘不能沉，肩不能鬆，肩胛緊鎖，兩肩高聳，狀如立寒冬朔風之謂也。此動作導致氣血不通，勁路不暢，上勁不能由脊發，貫勁於指梢；下不能虛

胸盈腹，引氣達丹田。

我打籃球，發現一些球員身體特別強壯，但搶籃板和投籃時力量不足。有一次和朋友打球，他雖然很強壯，但我可以從他手裏把球硬奪過來。

他很不解，我總結原因，發現他雖然肌肉很發達，但他一發力就聳肩，導致力量都停滯在肩膀，脖子肩膀比較僵硬，傳導到手的力不足，所以總被我打敗。

老 步

兩腿虛實不明，步法遲滯不靈，上下難以相隨，前進後退無方，折疊轉換雙重，舉措張惶失措之謂也。

都說形意拳是化槍為拳，這裏的槍指騎馬持的刺槍，那麼腿就相當於戰馬。戰馬與戰士的配合是多麼重要，縱然你槍法無雙，但你的戰馬笨拙，會使你常常背部受敵，那定是痛苦萬分。所以腿功和步伐顯得尤為重要。

我在拳館實戰的過程中發現，如果基本功練得差不多的話，雙方拼的就是步伐。

腆 胸

腆者，挺凸也。腆胸即過於矜持，努氣挺胸，氣湧胸際，神凝血滯，上重下輕，根腳拔起之謂

也。實戰中，雙方比的就是誰沉不住氣。

氣到胸腔，則腳下無根，很容易被人拔根摔倒；或者當胸部被對手打擊時，因為胸腔氣滿，特別容易受傷。

炸　肘

炸肘也稱為「懸肘」或「揚肘」。拳諺有「肘不貼肋」「肘不離肋」兩句辯證的話。肘不貼肋，就是肘部不能緊貼肋骨，要保證肘部有足夠的活動空間。肘不離肋，就是肘不離開肋部的外側，目的是保護兩肋兩腰的要害部位。肘離開肋部則腹部門戶大開，不利於防守；肘部抬起，則不利於力量傳導。

前段時間我和一個太極拳師父推手，他讓我隨便推，我就隨便推了，結果把他推動了；他臉色一變對我說，如果你再用勁推，我就打你了，說著揚起手，肘外炸，一下子就暴露了功底。

扭　臀

扭臀亦叫「晃臀」或「擺臀」。尾閭不正，臀部外突，或臀部時而前順，時而後撅，或扭來扭去。功夫就是仿生學，大家可多觀察貓科動物，貓科動物打鬥本領比較強，它們有個特點就是用尾巴找平衡，所以人的臀部或尾椎在一定程度上就是

用來平衡身體的。如果經常「點頭哈腰」，前俯後仰，就破壞了「立身中正」。因為臀是腰的外化，腰是樞紐，樞紐不穩，則全身力就散架了。

中線大開

有人為了擊打對手，自己的中線都不保護了。所謂「中線」，即以頭頂百會至尾骨為一線。我教小孩時為了他們方便理解，就說中線是小孩上衣的拉鍊，是從脖子一直延伸到肚臍的一條線。

有一回，巴西教練說他特別喜歡中國的醉拳，還模仿了一段，假裝喝醉了，走路晃來晃去。我就說了，醉拳看似晃來晃去，即使表現醉成爛泥，也不會暴露自己的中線，手、腳、眼無論形式如何表現，但仍然保持「三尖相對，守中央」。

雙手齊出

即「用兩隻拳頭打人」，一發無餘，不作後顧之慮之謂也。雙手齊出的另一種表現為，兩臂挺直，出手過遠，雙手齊出就失去了陰陽。尤其是新手，有時打得興起，就會掄起「王八拳」，雙手皆出，重心前移，一個側身就把整個身子讓給對手了。

附 錄

一年站樁教程

　　讀者看了這部分就知道我對站樁的重視程度
了。那麼該怎樣站樁？站樁時會遇到哪些問題？會
有哪些感受？

　　這一部分以時間為序，就我個人的經驗分享給
各位讀者。

一、無極式

無極式是所有樁功的基本功，無極樁短期目標是做到心靜，最終目標是全身氣順、全身通暢。

1月1日
找個安靜的地方站 5 分鐘，只要不說話就行。

1月2日
找個安靜的地方站 5 分鐘，眼睛不亂看。眼睛是定心神的地方，控制住眼睛就控制住了心神。

1月3日
站樁時，腸鳴比較明顯。腸上分佈的腸絨毛更新速度增快，每兩到三天更新一次。

1月4日
站 5 分鐘，頭中正，眼睛微閉。

1月5日
站 5 分鐘，別管呼吸，快慢無所謂。

1月6日
中醫講 5 天為一氣，人體也跟著做一個調整。站 10 分鐘，肩部放鬆，別聳肩。

1月7日

站 10 分鐘，手自然下垂。

1月8日

站 10 分鐘，心靜呼吸自然就平緩了。

1月9日

站 10 分鐘，頭向上頂，眼睛微閉。如果腳站麻了就活動活動腳趾，兩腳換一換重心。

1月10日

站 10 分鐘，在保持前幾天要求的同時注意放鬆膝蓋，別讓膝蓋承重過大。

1月11日

10 天為第 2 氣，站 15 分鐘，你開始感覺到疲憊。15 分鐘是心理和生理的一個坎，這時會感覺手指肚有跳動。

1月12日

站 15 分鐘，儘量把脊柱直立，別駝背也別挺胸。

1月13日

讀者可能會有質疑，不就是立正，幹嘛站這麼多天？這時堅持住，別放棄。站 15 分鐘，手和腳同時做抓的動作，一共做兩三次即可，慢慢做，別用力。

1月14日

站15分鐘，此時應該會打嗝，打嗝時別忍著，順其自然。

1月15日

站15分鐘，體會一下腰或肘有沒有感覺到憋，憋就活動一下腰或者肘。

1月16日

站20分鐘，中醫講3氣為1候，今天氣候有點小變化，站樁時要注意保暖，別穿太緊繃的衣服或者鞋。最好早上站。

1月17日

站20分鐘，早上喝點水，把大小便排了再站，可以少吃一點東西，站20分鐘會耗費一定體能。

1月18日

站20分鐘，如果能一直堅持站的話，今天應該能放屁了，能做到氣往下走。

1月19日

站20分鐘，會養成一站樁就放屁的習慣，別憋著，能放就放。

1月20日

站20分鐘，會有氣往下走的感覺，要體會頭

頂像懸根繩一樣，且全身就像衣服掛在衣服架上一樣。

1月21日

站 20 分鐘，感覺哪裏不通就稍微動一下哪裏，不要做大幅度動作。這個階段會感覺呼吸比以前細長了，因為肺部表面的細胞每隔兩到三週會更新一次。

1月22日

站 20 分鐘，站立時腳尖做稍微內八的動作，不再是兩腳平行站立，兩腿向內含住勁，改變一下胯骨的受力點。

1月23日

站 20 分鐘，腳依然做內八的動作，這一點很關鍵。

1月24日

站 20 分鐘。

1月25日

站 20 分鐘，目前不要追求氣沉丹田，因為你沉下去肛門也兜不住。

1月26日

站 20 分鐘，如果感覺身上的勁順了，氣就通了。如果放鬆的話，舌頭下面會分泌很多唾液。

1月27日

站20分鐘，注意舌頭搭住上齶，記住是「搭住」不是「頂住」，要放鬆，有唾液就嚥下。

1月28日

站20分鐘，如果持續站了28天，你會感覺身體壯實了。一方面是陽氣復生，另一方面是皮膚更新了，因為皮膚的表層皮每隔兩到四周會自我更新一次。

1月29日

站20分鐘，嘗試膝蓋和腳尖方向趨同，但不用保持一致，膝蓋微微向下彎曲即可。

1月30日

站20分鐘，嘗試著不要放屁，但只是忍一忍，如果忍不住就放出去。

1月31日

站20分鐘，如果因為彎膝蓋導致膝蓋過度受力，那就稍微活動一下膝蓋，把意識多放在腳上。

2月1日

站20分鐘，還是要把注意力放腳上，感覺腳面非常舒服地鋪在地上。

2月2日

站20分鐘，這個階段已經小有成就了。一般

情況下，如果能夠堅持練習1個月，那麼就能繼續堅持練下去。其實站樁本身也不是一件辛苦的事，而是一種有效的休息方式。

2月3日

站20分鐘，動動手指感覺指肚是否很飽滿，不要把手繃直，放鬆微屈。

2月4日

站20分鐘，此時，已經立春了，身體可以放鬆一些了，如果不怕冷，就儘量多在室外站樁，但同時也要注意保暖。

2月5日

站20分鐘，會感覺肚子咕嚕嚕地叫。

2月6日

站20分鐘，呼吸的頻率比以前要慢。

2月7日

站20分鐘，嘗試著用骨架做支撐，不要讓關節和肌肉發力。

2月8日

站20分鐘，如果正是月圓之時，一定要在晚上站一下，體驗一下氣血迅速湧動的感覺。

2月9日

站20分鐘，無極式是練拳的基礎，先不要追

求站多久，而是要先養成放鬆和心靜的習慣。

2月10日

站25分鐘，堅持這麼多天已經有一定的「底子」了，記住無極式的關鍵是磨心性，覺得這個世界有沒有你沒什麼不同，那就站對了。

2月11日

站25分鐘，此時有一點小疲憊，但是這種疲憊不傷氣，只是肌肉和骨骼累，氣息應該比以前感覺飽滿。

2月12日

站25分鐘，如果身上某個部位疼，活動一下可緩解那就沒關係，如果活動也無法緩解，那就休息幾天，不要咬牙堅持。

2月13日

站25分鐘，身上有點熱乎乎的感覺是對的。

2月14日

站25分鐘，情人節不要縱慾，四十多天你已經有意無意地氣聚丹田了，此時性生活次數過多會格外洩氣。

2月15日

站25分鐘，站完樁要慢慢地溜達，找沒人的地方溜達，20分鐘內不要說話，更不要做劇烈運

動。

2 月 16 日

　　站 25 分鐘，眼眉要放鬆，如果皺眉，說明你不夠放鬆。

2 月 17 日

　　站 25 分鐘，嘗試用腳掌的外緣受力，腳心空一點點。

2 月 18 日

　　站 25 分鐘，站完拉伸脊柱，彎腰，向前伸，好比蛇向前爬動。

2 月 19 日

　　站 25 分鐘，此時迎來了雨水的節氣，雨水一到就是考驗腎的時候了，放鬆尾椎，腰部是否有點飽滿的感覺。

2 月 20 日

　　站 30 分鐘，恭喜你，你已經擊敗了全國百分之七十的站樁者了，別看練武術的人多，真正每天站樁到半小時的人非常少。

2 月 21 日

　　站 30 分鐘，告別無極式進入倒計時，珍惜無極式站樁的每一天。

2 月 22 日

站 30 分鐘，手臂與腋窩感覺有顆雞蛋，不能夾太緊也不能太鬆。

2 月 23 日

站 30 分鐘，下顎微收，表情有笑意但不能大笑。

2 月 24 日

站 30 分鐘，如果感覺站樁精神狀態不夠飽滿，那每天泡一小片黃耆喝。

2 月 25 日

站 30 分鐘。

2 月 26 日

站 30 分鐘，無極式的功能是理順勁和氣，此時，先不要找人推手，因為你身上還沒長功。

2 月 27 日

站 30 分鐘，腳心有又癢又熱的感覺是正常的，說明上道了。

2 月 28 日

站 30 分鐘。氣通了打坐才不會腿麻。

2 月 29 日

站 30 分鐘，今天無極式就結束了，希望經過無極式的鍛鍊，自己感覺就像風中飄揚的大旗一樣

舒展，無風莊嚴，有風守中。

二、抱丹田

從今天開始由站樁變招式，經過兩個月的無極式，氣和勁都理順了。現在開始練習聚氣，聚氣的第一步就是把氣集中到丹田。

3月1日

站30分鐘。雙手抱小腹，男人右手在上，這是他人經驗，也是個人經驗，兩個手變換位置感覺真的不同。

3月2日

站30分鐘。因為膝蓋微屈，所以需要保持平衡，讓腳跟作為身體重量的承重點。

3月3日

站30分鐘。有了無極式的基礎，肩膀應該相對放鬆了，讓手自然地抱在丹田上。

3月4日

站30分鐘。這個姿勢要屈膝，蹲完樁後多揉血海穴和委中穴，保證氣血不在膝蓋留存。

3月5日

站30分鐘。站樁不是定在那裏站軍姿，是要像蘇醒的蟲子，哪裏不舒服就蠕動蠕動。

3月6日

站30分鐘。小腹是比較脆弱的，尤其是在打拳擊時，小腹中一拳會喪失很多戰鬥力，施行抱丹田可逐漸有小腹結實的感覺。

3月7日

站30分鐘。兩手交叉抱丹田時勞宮穴重疊，對應著關元穴，形成了體內外循環的閉環。

3月8日

站30分鐘。如果晚上是月圓，記得晚上站一會兒，可使功力加成，經驗值加倍哦。

3月9日

站30分鐘。鼻子吸進的氣有直接到丹田的感覺，呼吸更沉更深了。

3月10日

站30分鐘。站時胯向裏合一點。

3月11日

站35分鐘。臀部自然放鬆，不要斂臀。

3月12日

站35分鐘。植樹節幹活時記得體會用腰使

勁，別用胳膊使勁。

3月13日

站 35 分鐘。不要硬挺肚子，也不要追求把氣憋到丹田。

3月14日

站 35 分鐘。丹田不要像氣泵一樣把氣硬壓進去，而是要像小溪裏的水，不斷地向下流。

3月15日

站 35 分鐘。抱丹田時格外注意不能心急，一心急，火就容易到心或肺。

3月16日

站 35 分鐘。只需要保證小腹熱熱的就行。

3月17日

站 35 分鐘。抱丹田不是苦功夫，是「滋養椿」，每深吸一口氣、每嚥下一口唾液都是積蓄。

3月18日

站 35 分鐘。站完椿可以試著用木棍頂一頂小腹的丹田，此時會感覺小腹有了一定的抗擊打能力了。

3月19日

站 35 分鐘。如果感覺貫氣的效果不理想，那就多按摩湧泉穴、復溜穴、太谿穴，相當於啟動腎

氣。

3月20日

站 35 分鐘。差不多春分時節，不冷不熱。多站樁有利於調節生理平衡。今天可以體會一下用腳掌調整重心。

3月21日

站 35 分鐘。站樁是相對靜止的，其實一直在動，動是為了不讓某一個部位持久受力。

3月22日

站 35 分鐘。身體不能在一處持久的受力，要培養人體是流動的感覺，就像貓被擼的感覺。

3月23日

站 35 分鐘。抱丹田是養氣的過程，不要急著與別人推手。

3月24日

站 35 分鐘。抱丹田的這段時間儘量不要讓手腳、脊背或脖子著涼，如果著涼，涼氣會向體內傳導。

3月25日

站 35 分鐘。如果感覺站樁時心燥得不行，那就吐氣和吸氣，先把氣吐淨，再吸氣。吸氣時不要用力。呼吸配合手臂做開合動作，有助於把肺裏濁

氣排淨。

站 35 分鐘。前輩對站樁的方向有講究，有人說早上朝東站。我的體會是早上要背對太陽站，但要保證背部別著涼、別受風。

站 35 分鐘。注意不要在房檐下、廁所門口等潮濕的地方站樁。

站 35 分鐘。最好早上站樁，如果早上太匆忙，中午睡醒也可以站，有助於恢復元氣。

站 35 分鐘。在壯丹田時，不能肆無忌憚地放屁。放屁會導致底漏，所以要控制放屁，這需要一個過程，有一個竅門就是同時「搭鵲橋」和「提肛門」。

站 35 分鐘。減少眨眼次數。

站 35 分鐘。如果感覺身體站僵了，可以做小幅度揉搓丹田的動作，做動作時氣息不能有起伏，勁不能斷。

4月1日

站40分鐘。身體不能前俯後仰，左歪右斜。

4月2日

站40分鐘。肩放鬆的竅門是肩胛和後背同時放鬆。

4月3日

站40分鐘。身上有蟲子爬、到處亂竄的感覺。

4月4日

站40分鐘。清明節要多穿衣服。

4月5日

站40分鐘。在樹旁邊站樁，但最好別是柳樹。

4月6日

站40分鐘。腳要站成內八字。

4月7日

站40分鐘。如果感覺血氣湧動，丹田鼓脹，切記小便時不能說話，尤其不能笑。

4月8日

站40分鐘。練到這個階段體內的氣特別珍貴，平時運動時不要大喊大叫。

4月9日

站40分鐘。精神比以前要飽滿，手腳不那麼怕冷。

4月10日

站45分鐘。嘴裏的唾液比以前要多，眼睛比以前要聚光。

4月11日

站45分鐘。晚上睡前和早上醒後，多搓一搓腿後面的膀胱經，有助於氣行。

4月12日

站45分鐘。站樁前少吃豆類食物。吃多了站樁時容易脹氣，排了失元氣，不排又憋得難受。

4月13日

站45分鐘。抱丹田在貫氣的同時，搭通任脈了。

4月14日

站45分鐘。練到這個階段陰氣要下降，感覺從舌頭到小腹的丹田是相通的。

4月15日

站45分鐘。如果感覺頭上氣血不足，可以每天吃黑芝麻一小把、大棗兩顆、枸杞10粒、核桃兩個，堅持3個月以上會有效果。

4月16日

站 45 分鐘。氣不能都憋在小腹，要讓氣血往大腿上走，腿站麻了是不對的。

4月17日

站 45 分鐘。有時間可以找個人相互頂小腿，相互擠壓對方的足三里穴，有利於氣進一步往腳上走，同時也有助於消食。

4月18日

站 45 分鐘。別想煩心事，否則，氣就容易亂，如果無極式紮實，一般不會想煩心事。

4月19日

站 45 分鐘。穀雨是春季最後一個節氣，這個季節要根據習練者的體質來練。如果肝不錯，那就多站站；如果肝氣不足，那麼多活動活動再站。

4月20日

站 45 分鐘。抱丹田對肘的動作不做太多要求，但是也不能炸肘。

4月21日

站 50 分鐘。這個階段要理解抱丹田不僅僅是抱小腹，還要抱上中下三個丹田，上是頭，中間是胸。

4 月 22 日

站 50 分鐘。給自己加點意識導引，感覺小腹是一個氣海。

4 月 23 日

站 50 分鐘。不要去想會陰穴，目前功夫還不到火候。

4 月 24 日

站 50 分鐘。小腹是自然而然變大，不要刻意去鼓肚子。

4 月 25 日

站 50 分鐘。如果肩累了，站完樁自己拉一拉肩胛。

4 月 26 日

站 50 分鐘。抱丹田階段可以不要太注意肩窩。

4 月 27 日

站 50 分鐘。頭向上頂，保持體內中線垂直。

4 月 28 日

站 50 分鐘。身體可以圍繞中線轉胯，不是左右搖擺，而是圍繞中線旋渦狀晃胯。

4 月 29 日

站 50 分鐘。 身體的承重點可以不停地調整，

這樣腳就不會麻。

4月30日

站50分鐘。重心試著由腳跟向腳掌移動。

三、低抱球

5月1日

站50分鐘。拳經講每個人都有三個丹田：上丹田是印堂穴，中丹田是膻中穴，下丹田是氣海穴。上一階段練習的抱丹田主要指抱小腹。有了基礎之後，我們就可以逐漸向上走，做低抱球動作。

5月2日

站50分鐘。最開始練習抱球的動作幅度不要太大，感覺像抱個籃球大小的氣團就可以。

5月3日

站50分鐘。再強調一遍，要下顎微收，因為動作向上走，氣就向上走，如果下顎不收，那百會穴就不頂，容易把氣憋到頭部。

5月4日

站50分鐘。低抱球開始使用氣，稍微加點意識導引，想像氣能把手撐出去。

5月5日

站 50 分鐘。加意識導引，感覺兩隻手在相互吸引。

5月6日

站 50 分鐘。身體有膨脹的感覺，就像青蛙蹲在荷葉上一樣。

5月7日

站 50 分鐘。重點關注兩隻手的大拇指和小拇指，其他三指放鬆即可。

5月8日

站 50 分鐘。低抱球與抱丹田不同的是，低抱球時手臂要向外伸，手臂離開身體就要承受重量，身體就會發力，所以低抱球比抱丹田難度大。

5月9日

站 50 分鐘。為了承受手伸出的重量，一般人會聳肩，以肘為支點，肩部作為槓桿一端承受重量，但站樁時卻不能聳肩。

5月10日

站 50 分鐘。讓腰作為槓桿另一端，使整個上肢成為一體。

5月11日

站 55 分鐘。就是頭向上頂的勁與肩部向下沉

的勁形成上下的對稱勁。

5月12日

站 55 分鐘。需要慢慢練習，使上肢成為整體。

5月13日

站 55 分鐘。試著感覺槓桿的一端是手，槓桿的另一端是尾椎，支點在小腹。

5月14日

站 55 分鐘。當感覺尾椎和手的重量都壓在了中盤，下盤就會格外吃力，無論怎麼放鬆都感覺很重。

5月15日

站 55 分鐘。平時多按摩大腿和膝蓋，千萬別把膝蓋站壞。

5月16日

站 55 分鐘。讓肩膀進一步放鬆，有意識地拉平肩。

5月17日

站 55 分鐘。氣感更強了，氣會從手心往外跑。

5月18日

站 55 分鐘。開始將意識向下轉移，感覺上肢

的重量能夠傳導到膝蓋。

5月19日

站55分鐘。低抱球時全身的重量轉移到膝蓋是錯的，但又是必須經歷的，這時格外要注意一定不能站低樁，膝蓋彎曲角度要保持在150度以上。

5月20日

站55分鐘。如果腳內八仍然感覺膝蓋不舒服，那麼就儘量保持膝蓋與腳尖方向一致。

5月21日

站1小時。把意識放在小腿上，讓上身重量向小腿轉移，膝蓋有時傷了是不可逆的，千萬不要讓膝蓋著涼。膝蓋為筋之府，涼了筋就會變脆，格外容易受傷。

5月22日

站1小時。體內氣相對足一些了，覺得自己像蟒蛇。

5月23日

站1小時。感覺身體的重量能夠傳導到足跟，能在這麼短的時間將重量傳導到足跟已經是相當不錯了。

5月24日

站1小時。把重量分配和力量傳導理順了，身

上大肌肉就可以歇一歇了。

5 月 25 日

站 1 小時。抱球一段時間，感覺丹田更加飽滿，氣能頂著骨盆的肌肉動。

5 月 26 日

站 1 小時。大腦能夠指揮骨盆附近的小肌肉了。

5 月 27 日

站 1 小時。手腕、手肘、肩部的小肌肉開始受力。

5 月 28 日

站 1 小時。這是一個換勁的過程，關節的小肌肉多少年都不用，再次喚醒需要一個適應的過程。

5 月 29 日

站 1 小時。當適應了低抱球後，會感覺低抱球比抱丹田貫氣的效果更明顯。人體真的很奇妙，如果不受力，只能貫氣一點點，如果過於受力則會耗氣，只有不大不小的受力才有利於貫氣。

5 月 30 日

站 1 小時。如果膝蓋無異樣感覺，就要恢復到內八字站姿，有利於進一步開胯。

5月31日

站 1 小時。低抱球有點像形意拳十二形裏的熊形，肚子沉沉的、實實的。

6月1日

站 1 小時 5 分鐘。當氣足了，腰自然會挺起來。

6月2日

站 1 小時 5 分鐘。氣足了，走路會像大猩猩走路的感覺，底盤很實，肩膀很放鬆。

6月3日

站 1 小時 5 分鐘。兩個胳膊伸出去，站樁練的就是太極的掤勁。

6月4日

站 1 小時 5 分鐘。找個熟人試試推手，別進攻，只體會掤勁。

6月5日

站 1 小時 5 分鐘。感覺手中的氣很充盈。

6月6日

站 1 小時 5 分鐘。當氣充起了腰、丹田、胯，你會重新認識胯的作用。

6月7日

站 1 小時 5 分鐘。身體要進行新一輪的重建，

一些舊病會凸顯出來，別擔心，這是因為氣路過那裏了。

6月8日

站1小時5分鐘。有一輪新的疼痛，由後背傳到腳上。

6月9日

站1小時5分鐘。這個階段緩解疼痛的速度更快了，因為體內充氧的效率提高了。

6月10日

站1小時10分鐘。此時，汗毛要比以前敏感，晴天都能感覺風動。

6月11日

站1小時10分鐘。站樁結束後，感覺自己變矮了，身體與地面的距離近了，走路比以前穩健了。

6月12日

站1小時10分鐘。也許讀者現在能夠理解《黃帝內經》中「提挈天地，把握陰陽，呼吸精氣，獨立守神，肌肉若一」的感覺了。

6月13日

站1小時10分鐘。「麻冷熱脹是正常，痛癢重僵君莫慌」就是這個階段的感覺。

6月14日

站1小時10分鐘。天氣比較熱了，站樁難免會出汗，汗是身體狀態的一個表徵，「涼汗」代表體內有寒氣，「熱汗」代表體內有濕熱。

6月15日

站1小時10分鐘。長期出汗，會加快皮膚的代謝，皮膚由粗糙變細膩，再變得相對粗糙，然後變得更加細膩。

6月16日

站1小時10分鐘。養成扣齒的習慣，第一不丟氣，第二骨骼更結實。

6月17日

站1小時10分鐘。如果你站樁之前經常崴腳，那麼你會發現最近不崴腳了，因為氣足了。

6月18日

站1小時10分鐘。站樁結束後，要規範地做收勢動作，因為收勢不但收氣而且還收神。

6月19日

站1小時10分鐘。建議多看大師的樁功照片，或者多看佛像雕塑，這樣更容易凝神。

6月20日

站1小時15分鐘。站樁的時間長了可以用鬧

鐘，鬧鐘不響不收工，這樣心無旁騖，不會總想站多久。

6 月 21 日

站 1 小時 15 分鐘。氣相對足了，腰椎病和頸椎病會在一定程度得到緩解。

6 月 22 日

站 1 小時 15 分鐘。每天除了站樁外，最好還能跑 5000 公尺左右。

6 月 23 日

站 1 小時 15 分鐘。站樁不是站軍姿，而是一種休息。

6 月 24 日

站 1 小時 15 分鐘。身體的微起伏與呼吸保持同頻率。

6 月 25 日

站 1 小時 15 分鐘。站夠一個小時後身體基本就不抖了。

6 月 26 日

站 1 小時 15 分鐘。氣足了，心勁就足，夜裏自己走路也不害怕了。

6 月 27 日

站 1 小時 15 分鐘。感覺自己脾氣變好了，不

會經常動氣，不是因為心氣弱了，而是心氣的承受力變強了。

6 月 28 日

站 1 小時 15 分鐘。感覺自己的胳膊，尤其是小臂、手腕有變粗的感覺。

6 月 29 日

站 1 小時 15 分鐘。不要沉迷於使自己小腹變大的結果，不能硬向下憋氣。

6 月 30 日

站 1 小時 15 分鐘。睡眠品質和視力都會有明顯的改善，這個時候不要多喝酒，否則會前功盡棄。

四、展束樁

7 月 1 日

站 1 小時 15 分鐘。練時動靜結合。「束」是收縮動作，「展」是放開動作。為了練氣和小肌肉，單單站靜樁是不夠的，你可能說某某大師只站靜樁，那是因為人家已經把筋骨拉開了。

7 月 2 日

站 1 小時 15 分鐘。這個季節尤其適合練展束

椿，如果氣溫低會有受傷的可能。

7月3日

站 1 小時 15 分鐘。有了前面養氣的基礎，氣能夠撐住身體，大肌肉能夠得以放鬆，這樣才能練習小肌肉。

7月4日

站 1 小時 15 分鐘。體腔內氣足了，可以用氣去頂、撐、壓一些敏感脆弱的部位，比如腰椎。

7月5日

站 1 小時 15 分鐘。各種關節撐開了，附近的小肌肉才能「蘇醒」。

7月6日

站 1 小時 15 分鐘。現在小暑了，這是 1 年中站椿的黃金時間段，要慢慢動，活動幅度不要太大。

7月7日

站 1 小時 15 分鐘。臀部向上兜和向後翹，為了讓氣團在腰椎和尾椎上滾來滾去。

7月8日

站 1 小時 15 分鐘。肩胛拉開是有一點蛙泳和蝶泳結合的感覺，把後背充分撐開。

7月9日

站1小時15分鐘。展中有束，束中有展，向前合時開後背，向前開時合後背。

7月10日

站1小時15分鐘。這段時間最好禁慾。

7月11日

站1小時20分鐘。「束」基本就是「蹲毛猴」，悠然自得，有點像躲在角落的感覺。

7月12日

站1小時20分鐘。展束有泥瓦匠「溜縫」的功能，把站樁時氣到不了的地方，透過拉伸，使氣竄過去。

7月13日

站1小時20分鐘。展束樁是兩個動作，動起來時默念「起往高處起，落往低處落」。

7月14日

站1小時20分鐘。要是感覺火上頭，那就儘量使眼睛向上翻，不要向下看。

7月15日

站1小時20分鐘。穩住氣的走向，記住是任脈氣降，督脈氣升，此時，重點關注任脈氣降。

7月16日

站 1 小時 20 分鐘。束身時臀部向前下方溜，把丹田搬到上面來。

7月17日

站 1 小時 20 分鐘。束身時雙手儘量向前下方伸，手心朝上，儘量拉伸。

7月18日

站 1 小時 20 分鐘。所謂的筋骨，主要靠展束樁來拉伸。

7月19日

站 1 小時 20 分鐘。束時肘摩擦兩肋，手背摩擦大腿內側。

7月20日

站 1 小時 20 分鐘。展時頭向上充分頂，腳向下充分放開，腳心展開。

7月21日

站 1 小時 25 分鐘。加強手和肘摩擦大腿內側和肋骨的力度。

7月22日

站 1 小時 25 分鐘。手捧小腹，感覺把氣搬回原位的感覺。

7 月 23 日

站 1 小時 25 分鐘。最開始慢慢地做，如果展的動作太快會導致腦供血不足。

7 月 24 日

站 1 小時 25 分鐘。注意展束的整個過程，腳步沒有移動，身體沒有前後左右搖晃，重心一直在小腹丹田的位置。

7 月 25 日

站 1 小時 25 分鐘。脊柱有一節一節被拉開的感覺。

7 月 26 日

站 1 小時 25 分鐘。如果感覺腰部力量不夠，支撐不住肢體時，把動作放慢些，每組動作間隔時間長一些。

7 月 27 日

站 1 小時 25 分鐘。一些多年不用的肌肉重新啟用了，後背有明顯變厚的感覺。

7 月 28 日

站 1 小時 25 分鐘。身體向上提起時，不能完全依靠膝蓋的力量，還要激發腰胯向上彈的力量，但這種彈是慢慢的。

7 月 29 日

站 1 小時 25 分鐘。小腹更加充實，抗擊打能力進一步提升。

7 月 30 日

站 1 小時 25 分鐘。小肚子變得更大了，氣團上下翻滾時覺得有些地方有點卡殼。

7 月 31 日

站 1 小時 30 分鐘。肋骨兩側變厚，而且比以前抗擊打。

8 月 1 日

站 1 小時 30 分鐘。做動作時，頭不要向下看，否則容易頭暈。

8 月 2 日

站 1 小時 30 分鐘。有一種自我陶醉的感覺，摸著自己的小腹感覺變得越來越大，氣越來越足。

8 月 3 日

站 1 小時 30 分鐘。做展束椿的階段可以搭配騎自行車訓練，因為「運」要和「動」結合，站椿是運，當有些地方運不過去，只能求助於動。

8 月 4 日

站 1 小時 30 分鐘。開始帶功練拳，手向下插時，感覺自己身體也很有力。

8月5日

站1小時30分鐘。大腿內側熱熱的，切記不要縱慾，否則損失大於所得。

8月6日

站1小時30分鐘。展束樁現階段主要的目標是拉伸肌肉。

8月7日

站1小時30分鐘。立秋了，動作幅度要小一些。

8月8日

站1小時30分鐘。動作變化不大。

8月9日

站1小時30分鐘。襠部有被拉伸的感覺。

8月10日

站1小時35分鐘。

8月11日

站1小時35分鐘。站樁這個階段，多體會大腿內側至襠部被拉伸的感覺，熱熱的酸酸的。

8月12日

站1小時35分鐘。拉伸後，學學狗抖毛的樣子，找找身體快速晃動的感覺。

8 月 13 日

站 1 小時 35 分鐘。練完展束樁，做做撲步，進一步拉伸腿。

8 月 14 日

站 1 小時 35 分鐘。再次感覺自己像大蟒蛇，渾身都是柔軟而有力的。

8 月 15 日

站 1 小時 35 分鐘。手一握感覺整個身體都在握。

8 月 16 日

站 1 小時 35 分鐘。丹田鼓鼓的。

8 月 17 日

站 1 小時 35 分鐘。手向下插更有力了，感覺一伸手就能插進別人肚子裏。

8 月 18 日

站 1 小時 35 分鐘。感覺腰比別人多出一節，尾椎那部分又拉開一些。

8 月 19 日

站 1 小時 35 分鐘。感覺展束樁有點像貓洗臉。

8 月 20 日

站 1 小時 40 分鐘。靜不是強制地靜下來，而

是「熱鬧」過後才能真的靜下來。

8月21日

站 1 小時 40 分鐘。展束樁中包含著搓揉丹田的動作，慢點做才能感覺到。

8月22日

站 1 小時 40 分鐘。展開時感覺氣足了，有一種瞬間炸開的感覺。

8月23日

站 1 小時 40 分鐘。目前練的是定步展束，練完之後，朵拉拉大腿後面的筋。

8月24日

站 1 小時 40 分鐘。夏天最熱的幾天過去了，最熱的時候把筋練好後，氣才開始慢慢往骨骼裏走。

8月25日

站 1 小時 40 分鐘。這期間不要吃提腎氣的藥，否則會損傷腎氣。

8月26日

站 1 小時 40 分鐘。肩胛下面的肉不再只起保護作用，現在全身發力時，這個部位也能使上勁了。

8 月 27 日

站 1 小時 40 分鐘。現在對腰的控制比以前靈活了，腰能主動發力了。

8 月 28 日

站 1 小時 40 分鐘。尾骨附近的肌肉有些酸疼。

8 月 29 日

站 1 小時 40 分鐘。如果順利的話，展束樁結束後，你就可以意識到尾骨可以調整自己的發力方向。

8 月 30 日

站 1 小時 40 分鐘。腳趾抓地比以前敏感，腳掌各部位分工細化了。

8 月 31 日

站 1 小時 40 分鐘。感覺身體像個大桶，不怕被別人撞。

五、中撐掌

9 月 1 日

站 1 小時 40 分鐘。天氣熱，這段時間多活動脊柱，可使陽氣往上走。

9月2日

站1小時40分鐘。最好早上站樁，不要晚上站。

9月3日

站1小時40分鐘。撐掌時可以塌腕，有助於合住全身骨骼的勁道。

9月4日

站1小時40分鐘。天已入秋，形體上有收斂的意思，撐掌動作也不宜張揚。

9月5日

站1小時40分鐘。撐掌將又一次分筋錯骨，期間會經歷疲憊和疼痛。

9月6日

站1小時40分鐘。多觀察小貓，看它伸懶腰撐起脊柱的感覺，對練撐掌會有啟發。

9月7日

站1小時40分鐘。此時，天氣漸轉涼，早上站樁會有寒氣，注意前胸和後背要保暖，不要涼到肺。

9月8日

站1小時40分鐘。後背是人體的火山口，有很多腧穴，是人體的出氣口，注意打開肩胛活肺，

後背不要受風著涼。

9月9日

站 1 小時 40 分鐘。中撐掌一方面可以撐開骨骼，另一方面可以打開氣口，有了前面貫氣的基礎，體內的陽氣可抵住體外的陰氣。

9月10日

站 1 小時 40 分鐘。無極式是理氣，抱丹田、低抱球是貫氣，展束裝是拉伸肉、筋、骨，中撐掌是分筋錯骨撐開氣道。

9月11日

站 1 小時 45 分鐘。長時間反向扭曲筋骨，你會發現筋骨正向發力效果會得到增強。

9月12日

站 1 小時 45 分鐘。中撐掌合骨勁時，要將尺骨和撓骨旋轉，加強合力。

9月13日

站 1 小時 45 分鐘。這個時候千萬別忘了頭向上頂的懸掛感。

9月14日

站 1 小時 45 分鐘。膝蓋向前頂、尾椎向下拉，形成對稱勁。

9 月 15 日

站 1 小時 45 分鐘。上身動作發生變化，由抱球變成撐掌，有可能氣又回到小腿，要繼續放鬆，讓氣再次沉到腳上。

9 月 16 日

站 1 小時 45 分鐘。中撐掌會產生一種把筋骨拔開的力，但只有放鬆才能拔開，否則一緊張大肌肉就會保護關節，不讓關節被拉開。

9 月 17 日

站 1 小時 45 分鐘。全身流淌著疼痛的「幸福感」。

9 月 18 日

站 1 小時 45 分鐘。中撐掌好比渾圓樁，有渾身鼓盪的感覺。

9 月 19 日

站 1 小時 45 分鐘。臀部微微後翹。

9 月 20 日

站 1 小時 45 分鐘。如果丹田氣足了，能讓股骨頭和盆骨之間的活動範圍變大。

9 月 21 日

站 1 小時 50 分鐘。心意拳站樁也是運用「蛋棒」槓桿原理。

9月22日

站1小時50分鐘。入秋後飯量變大，建議吃飽了再站樁，但不要吃撐。

9月23日

站1小時50分鐘。如果有條件的話，可以試著用手機錄下自己站樁的整個過程，然後再加快播放，你會發現自己其實一直在動。

9月24日

站1小時50分鐘。武術裏講「正是反，反是正」，正反揉在一起的就是中撐掌動作。

9月25日

站1小時50分鐘。站完樁之後，做發力練習，就像抖大槍的動作。

9月26日

站1小時50分鐘。撐掌也是撐骨架，撐完之後，感覺後背的力量變大了，脊柱的彈性也變大了。

9月27日

站1小時50分鐘。脊柱拉開需要過程，是一個精細工程，要求小肌肉和氣一起鍛鍊。

9月28日

站1小時50分鐘。現在理解了為什麼拳友說

練武主要是練督脈，站到兩小時左右才能理解督脈發揮的作用。

9月29日

站1小時50分鐘。自己像個大蜥蜴，總想甩一甩脊柱，甚至有一種有長了尾巴的感覺。

9月30日

站1小時50分鐘。全身通暢和氣感游走時，突然發力會有一種通電的感覺。

10月1日

站1小時50分鐘。放假了，準備幾天高強度的練習。

10月2日

站1小時50分鐘。小腿肌肉感覺特別累。

10月3日

站1小時50分鐘。感覺氣流沿著胳膊流向懷裏。

10月4日

站1小時50分鐘。這種撐的勁，有點像三體式的三圓、三頂、三挺，是一種意念力。

10月5日

站1小時50分鐘。撐掌接近兩個小時，要多用丹田的氣去撐，就是把小腹的氣「滾」到尾椎、

胯骨、後腰。

10 月 6 日

站 1 小時 50 分鐘。站將近兩小時真的是個極限，這個時候不能邊看電影邊站樁，要心如止水地站樁。

10 月 7 日

站 1 小時 50 分鐘。別熬夜，平時多吃點牛蹄筋、豬蹄等補筋的東西。每個人體質不同，這種強度的撐筋骨，對有些人來說是有害的。

10 月 8 日

站 1 小時 50 分鐘。找有陽光的地方加熱身體，溫度是撐開筋骨的必備條件。

10 月 9 日

站 1 小時 50 分鐘。此時，還是得提醒自己，要注意凝神。

10 月 10 日

站 1 小時 50 分鐘。站完樁拉拉腿，別讓筋和氣憋住。

10 月 11 日

站 1 小時 55 分鐘。在可承受的範圍內，可做一些輔助的力量訓練，比如牆壁俯地挺身，再加幾組起橋。

10 月 12 日

站 1 小時 55 分鐘。我查了好多資料，好多武術名家其實都在練力量。

10 月 13 日

站 1 小時 55 分鐘。要用整勁和放鬆的勁去練力量。

10 月 14 日

站 1 小時 55 分鐘。感覺勁是由脊背發，貫勁於指尖。

10 月 15 日

站 1 小時 55 分鐘。天氣涼了，不要讓涼氣從後背進入體內，否則肺會受寒，站樁時要加衣服，練武人是敏感的、嬌嫩的。

10 月 16 日

站 1 小時 55 分鐘。如果身體可承受，可以嘗試雙手各抓一個空的易開罐或礦泉水瓶。

10 月 17 日

站 1 小時 55 分鐘。體會圓襠的感覺，但不要蹲得太低，如果蹲太低的話大肌肉會發力。

10 月 18 日

站 1 小時 55 分鐘。大腿內側會有灼熱感，哪裏不通哪裏就不熱。

10 月 19 日

站 1 小時 55 分鐘。站完樁按摩湧泉穴，然後學老大爺去低一點的單槓處，把大腿搭在上面，摩擦大腿後側的膀胱經。

10 月 20 日

站 1 小時 55 分鐘。過去有師父按摩和導氣，現在主要靠自己按摩。

10 月 21 日

站 2 小時。

10 月 22 日

站 2 小時。看《葉問》的視訊會發現他的皮肉有些分離。撐掌就是追求讓皮肉分工更細。

10 月 23 日

站 2 小時。說實話，練習中撐掌是個要命的階段，是換勁和換筋骨的階段。

10 月 24 日

站 2 小時。堅持練習了這麼久，發現自己的生理結構像被重塑了一樣，很多小肌肉也可以被調動使用了。

10 月 25 日

站 2 小時。腰變壯，有點像救生圈，但不是肥膘。

10 月 26 日

站 2 小時。客觀地講，夫妻生活質量會有一定程度的提升。

10 月 27 日

站 2 小時。人生多了頓悟，發現很多事情成功的秘訣就是「慢」。

10 月 28 日

站 2 小時。有人會問每天哪有兩小時的時間站樁，這就需要你調整一下自己每天的日程，把零碎時間整合一下，不打遊戲、不看電影等。

10 月 29 日

站 2 小時。掌心的漩渦感更強烈了，感覺掌心連通著丹田。

10 月 30 日

站 2 小時。會有種兩掌中間的氣團能夠打出去的錯覺，感覺金庸對「六脈神劍」還是認真研究過的。

10 月 31 日

站 2 小時，會感覺手指甲更新了、變厚了。

六、三體式

最後一式是三體式，三體式是形意拳的樁功，兼具養生和技擊功能，是一種相對高級的功法。

11 月 1 日

站 2 小時。

11 月 2 日

站 2 小時。開始做單重訓練。

11 月 3 日

站 2 小時。眼睛、手尖、足尖，三尖相照。

11 月 4 日

站 2 小時。肘與膝相對，肩與胯相對，手與足相對。

11 月 5 日

站 2 小時。尾椎的垂直延長線在後腳跟附近。

11 月 6 日

站 2 小時。不要追求站高樁，站高樁會損傷膝蓋，氣也不通。

11 月 7 日

站 2 小時。入冬了，冷了就戴手套，氣血到不了指尖就別硬抗，身體要有適應的時間。

11月8日

站2小時。前手向前撐,後手向下按。下肢也一樣,前腿向前撐,後腿向下按,感覺自己被扣在地上。

11月9日

站2小時。身子整體含住勁,三體式也是技擊樁,要有向內蓄力的感覺。

11月10日

站2小時。整個身子要有撐裹的感覺。

11月11日

站2小時。「雙十一」別熬夜,站樁時胯不要外翻,虛心一點,新姿勢從零開始學習。

11月12日

站2小時。一開始可能對「單重」不習慣,前後腳距離可以近一點。

11月13日

站2小時。三體式是劈拳母架,也是鷹型,要有浮在空中向下劈抓的感覺。

11月14日

站2小時。肛提肌比以前強壯,小便時比以前有掌控感。

11 月 15 日

站 2 小時。多體會「單重」圓襠的感覺。

11 月 16 日

站 2 小時。意識導引大腿內側拉伸。

11 月 17 日

站 2 小時。還需要對「單重」適應一段時間，後腿抖得像個初學者。

11 月 18 日

站 2 小時。氣不順就停一下，如果實在站不住，就向前劈一步。

11 月 19 日

站 2 小時。如果沒有近一年的無極、混元的功底直接站三體式，身上的氣是不通的。現在就不同了，感覺自己的胳膊像老虎或獅子的前臂。

11 月 20 日

站 2 小時。手腳的抓力明顯增強。

11 月 21 日

站 2 小時。總想突然向前劈抓一下，急著做五行拳動作。

11 月 22 日

站 2 小時。小臂外側的肉經過長時間的鍛鍊拉伸變壯實了。

11月23日

站2小時。人體的「五張弓」在三體式中有明顯的體現，下肢和上肢一直繃著勁，只要一鬆勁，這股力量就會像箭一樣射出去。

11月24日

站2小時。我的體會是三體式中的氣感不是球體，而是三角體。

11月25日

站2小時。站完樁會不自覺地像貓伸懶腰一樣。同時把胯和腿後面的筋拉一拉。

11月26日

站2小時。如果感覺脊柱已經完全被拉開，可以嘗試通督脈，督脈上面有三個重要穴位，玉枕穴、靈臺穴和命門穴，可以讓熟人幫助按摩一下，不要用力，通了即可。

11月27日

站2小時。虎口似圓非圓，那股撐的勁就像太極的掤勁，身形變得也很圓活。

11月28日

站2小時。定式站久了，技擊的整體勁就出來了，可以試著打劈拳。

11月29日

站 2 小時。自己每次站樁還把三頂、三扣、三圓、三毒、三抱、三垂、三曲、三挺念叨一遍。

11月30日

站 2 小時。三體式要求眼神毒一些，有鷹盯獵物的感覺。

12月1日

站 2 小時。三體式舌頭頂、頭頂、膝蓋頂等都是一個「勁」，要符合「一」的要求。

12月2日

站 2 小時。尾椎向後找一找小貓擺尾巴的感覺。

12月3日

站 2 小時。再次強調站完樁要拉膀胱經，多拉伸大腿內側。

12月4日

站 2 小時。人不可沒事，心也不可能完全靜，只要每天在某個時段不想事就行。

12月5日

站 2 小時。沒事多看看薛顛的三體式。

12月6日

站 2 小時。順著指尖方向，意識往遠放。

12月7日

站2小時。不要追求孫祿堂的極限三體式，那個難度咱們根本吃不消。

12月8日

站2小時。別計算呼吸次數，察覺不到自己的呼吸就對了。

12月9日

站2小時。站樁時想像一下怎樣持續發力。

12月10日

站2小時。三體式偏於「用」，一個輸出點就是手指。如果氣到手指，會有通電的感覺。

12月11日

站2小時。三體式要站出像一張蓄力的弓的感覺。

12月12日

站2小時。身體不要擰勁，三體式不同其他幾式，三體式更加強調力線。

12月13日

站2小時。

12月14日

站2小時。重心可以在「五五」或「四六」之間變動。

12 月 15 日

站 2 小時。立掌變塌掌，走勁變走氣。

12 月 16 日

站 2 小時。三體式作為技擊式，進攻時可以持續前手發力，防守時前手一搭，後手自然就出去了，陰陽轉換就在一瞬間。

12 月 17 日

站 2 小時。氣能到指尖，感覺手被氣撐得合不攏。

12 月 18 日

站 2 小時。出手有氣勁，感覺能二次發力。

12 月 19 日

站 2 小時。體內的勁和氣有了一定的融合，感覺自己漂在水上，手扶著木板。

12 月 20 日

站 2 小時。蹲在那裏感覺自己像個大彈簧，不用壓縮也能立刻發力。

12 月 21 日

站 2 小時。臀部兩邊的肌肉可以分別發力。

12 月 22 日

站 2 小時。丹田附近的肌肉能夠裹緊丹田，找到了所謂的「勒丹田」的感覺。

12 月 23 日

站 2 小時。勁要一層一層往裏找。

12 月 24 日

站 2 小時。站完樁後，走路都感覺體內多了個發動機，氣可推動著自己走路。

12 月 25 日

站 2 小時。感覺自己像抱著個三角體。

12 月 26 日

站 2 小時。從脊柱到會陰有聯通氣行的感覺。

12 月 27 日

站 2 小時。感覺可以用氣支撐肢體移動。

12 月 28 日

站 2 小時。站樁過程中如果生病就停一停，不要咬牙堅持。

12 月 29 日

站 2 小時。舌尖搭上齶和閉合肛門同時進行，感覺喉嚨和肛門的起伏節奏一致。

12 月 30 日

站 2 小時。身上感覺更加沉實，這種沉實是結果，感覺自己身體的密度變大了。

12 月 31 日

站 2 小時。「海底」（會陰穴）有熱乎乎的感覺。

後 記

　　20 世紀 80 年代，市面上武術類書籍突然多了起來，我師父非常興奮，買了很多，讓他的徒弟也買了很多。因為這在過去是不可想像的，每家每派的功夫大多是自己吃飯的活計，有些甚至是家族的榮耀，都是秘不外傳的。在當時，有人有勇氣寫書，非常值得稱讚，同時，受環境限制，書裏必然不會全盤托出練功夫的方法，閱讀這些書權當錦上添花，不能雪中送炭。

　　在資訊大爆炸的今天，人們可能不理解過去的保守，但是目前的武術類書籍明顯不能滿足讀者的需求。現在人們的時間和精力是最寶貴的，生活節奏加快，什麼事情都會直接問結果。好比吃飯，自己不但不做，而且也很少會去超市買半成品，因為還要回家做，好多人選擇在家裏點外賣。

　　練功夫在這樣的時代背景下也有變化。我接觸過一個拳師，他說他從不看書，主要是依靠師父

「嚼爛了」餵他，自己懶得搜索知識，也懶得篩選，更不會辯證思考，因為嫌麻煩。所以現在武術類的書籍，首先要有內容，其次是有營養，再次是好吸收，這就是一本好武術書的標準。

下一步我將繼續以這種方式寫書，以自身的經歷詳細講解練功體會，幫助練功路上的菜鳥有方向、有路徑、有臺階地練功夫，讓功夫不再神秘，讓讀者看得懂、練得好功夫。無論自己習練到什麼程度，我們都會沿著這條路走下去，讓武術書籍滿足這個時代的需要。

memo

memo

memo

國家圖書館出版品預行編目資料

癡博士習武 39 講／宋嘉寧 編著 ——初版
——臺北市，大展出版社有限公司，2022〔民 111.06〕
　面；21 公分——（武學釋典；56）
ISBN 978-986-346-368-9（平裝）

1.CST：武術

528.97　　　　　　　　　　　　　111005018

癡博士習武 39 講

編 著 者／宋　嘉　寧
責任編輯／王　　　蓉
發 行 人／蔡　森　明
出 版 者／大展出版社有限公司
社　　　址／台北市北投區（石牌）致遠一路 2 段 12 巷 1 號
電　　　話／（02）28236031 · 28236033 · 28233123
傳　　　真／（02）28272069
郵政劃撥／01669551
網　　　址／www.dah-jaan.com.tw
E-mail／service@dah-jaan.com.tw
登 記 證／局版臺業字第 2171 號
承 印 者／傳興印刷有限公司
裝　　　訂／佳昇興業有限公司
排 版 者／弘益企業行
授 權 者／山西科學技術出版社
初版 1 刷／2022 年（民 111）6 月

定　價／350 元

大展好書　好書大展
品嘗好書　冠群可期

大展好書　好書大展
品嘗好書　冠群可期